生活勵志
040

其實，我們都陷在執著的觀念上

最貼近人性的心靈作家
何權峰◎著

高寶書版集團

生活勵志 040

其實，我們都陷在執著的觀念上

作　　者：何權峰
編　　輯：余純菁
出 版 者：英屬維京群島商高寶國際有限公司台灣分公司
Global Group Holdings, Ltd.
聯絡地址：台北市內湖區洲子街88號3樓
網　　址：gobooks.com.tw
電　　話：(02) 2799-2788
電　　傳：出版部(02) 2799-0909　行銷部 (02) 2799-3088
郵政劃撥：19394552
戶　　名：英屬維京群島商高寶國際有限公司台灣分公司
初版日期：2010年5月
發　　行：希代多媒體書版股份有限公司 / Printed in Taiwan

國家圖書館出版品預行編目資料

其實，我們都陷在執著的觀念上/ 何權峰 著
-- 初版. - 臺北市：高寶國際出版,
希代多媒體發行, 2010. 5
面；　公分. —　(生活勵志 ；HL040)

ISBN 978-986-185-451-9(平裝)
1. 修身　2. 生活指導

192.1　　99006391

〈自序〉

其實，我們都陷在執著的觀念上

何權峰

人一直活得不快樂，如果你深入探究，就會發現這跟我們執著的某些觀念有很大的關係。這些觀念，往往是我們從小到現在，人人都視為理所當然的。也正因如此，大家很容易陷在其中。

比方，人們追求快樂，許多人認為自己如果能夠擁有更多的錢、更豪華的房子、更有人性的老闆、更體貼的伴侶、更聽話的小孩……就會更快樂，但這些「快樂觀念」，不也正是我們陷在不快樂的原因嗎？

人對完美生活的迷思，就是人很難快樂的原因。然而有許多觀念都已根深蒂固，以至於很少人會去質疑，或者靜下來想。

沮喪的人說：「我就是沒錢，所以才愁眉苦臉。」但是有些人比你沒錢，為什麼人家也沒有愁眉苦臉？

煩惱的人說：「沒工作我會餓死，所以我才煩惱。」但煩惱能讓你變有錢？煩惱可以讓你找到工作嗎？

憤恨不平的人說：「他讓我受苦，我絕不會讓他好過。」但是讓他難過，你就會好過嗎？

失去所愛的人說：「沒有了他（她），叫我怎麼活？」可是在沒有他（她）之前，你不也活得好好的？

諸事不順的人說：「為什麼上天老跟我作對？」然而你又怎麼知道，上天其實有更好的安排？

愁眉不展的人說：「我工作不順，還有一堆事情沒完成，所以不快樂。」然而是誰規定說工作不順，或事情沒完成就不能快樂？

這些問題，你想過嗎？

我們總期待人生能順心如意，結果卻往往事與願違，為什麼？因為如果我們凡事都想順心，又怎麼可能事事如意？

其實，我們都陷在執著的觀念上。

CONTENTS

目錄

CONTENTS

目錄

幸福，不是沒有缺憾

——你欠缺的，也許是別人擁有的；而你的幸福，也可能是別人所缺憾的。

沒有一個人的生命是完美無缺的，每個人多少都有一些缺憾。有人才貌雙全，卻在情路坎坷；有人夫妻恩愛，卻嚴重不孕；有人家大業大，卻子孫不孝；有人看似幸福圓滿，卻有著不為人知的不幸。

每個人的生命都有必須面對的課題，至於為什麼有些是天生貧苦，另些天生富貴，這就是「生命課題」之所在，自己因為財務短缺才能體會貧窮困窘因而羨慕他人，殊不知一個擁有財富的人，可能正羨慕他人擁有幸福和樂的家庭生活；而一家幸福和樂的人，也可能正遺憾家人為疾病所累，這即是每個人的「生命課題」。

歐洲有一位著名的女高音歌唱家，才三十多歲就已經紅得發紫，譽滿全球，而且婚姻美滿，家庭幸福。一次她到鄰國開獨唱音樂會，入場券早在一年以前就被搶購一空，當晚的演出也受到極為熱烈的迴響。演出結束之後，歌唱家和丈夫、兒子從劇場走出來，一下子就被早已等在那裡的觀眾團團圍住。人們七嘴八舌地與歌唱家攀談著，其中不乏讚美和羨慕之詞。

有人恭維歌唱家在大學剛畢業就進入了國家級的歌劇院成為要角，

有的人恭維歌唱家嫁給了富有又體貼的好丈夫，而且還有個文靜乖巧又可愛的小男孩……

在人們讚嘆的時候，歌唱家只是笑笑，並沒有表示什麼，等大家把話說完後，她才緩緩地說：「我首先要謝謝你們對我和我家人的讚賞。但是，你們看到的只是單方面，還有另外一面你們並沒有看到。那就是你們誇獎文靜乖巧又可愛的這個小男孩，其實是一個不會說話的啞巴，而且，在我家裡他還有一個姐姐，是需要長年關在有鐵窗房間裡的精神分裂症患者。」

歌唱家的一席話讓大家震驚得說不出話來，你看看我，我看看你，似乎是很難接受這樣的事實。這時，歌唱家又心平氣和地對大家說：「這一切說明什麼呢？恐怕只能說明一個道理：那就是上帝給誰的都不會太多。」

她說得對，上帝給誰的都不會太多。上帝不會讓生命完美無缺，祂不把苦難都消除，祂不會讓我們有求必應，這也就是我們到人間這所學校來學習的目的。

生命並沒有好壞之分，只是課題不同。一個有錢又擁有愛情的人，其「生命課題」可能在於健康不佳或為子女所操煩；一個健康良好又子女孝順的人，則可能在金錢或工作上不順心如意。

你欠缺的，也許是別人擁有的；而你的幸福，也可能是別人所缺憾的。所以，不必羨慕別人，既然缺憾是你生命的一部分，何不坦然去接受。月有陰晴圓缺，但月亮仍是美的，多珍視自己擁有的，從殘缺中體會另一種心靈的美，不完美也能轉化成另一種美。

生命之所以讓人成長，是因為它的不完美，所以才有成長；如果是完美的，還需要成長嗎？成長只有在不完美存在的時候才有可能。

你的命運是不完美的，所以你可以不斷成長。去接受這個不完美，在這個不完美中創造完美，這便是生命的真諦，也是生命的美。

生命的不完美是很完美的。

缺憾，也有別人沒有的幸福

——我們總看到別人擁有的，其實你也有很多是別人沒有的呀！

人什麼時候會覺得滿足？滿足感多半是來自比較，當我們拿過去跟現在比，或是拿自己跟別人比，如果發現自己比較好就會覺得滿足。

比方，你今年的年終獎金比去年多十萬元，你就會覺得滿足，但是當你得知有很多同事比你多十萬元，先前的滿足感也就蕩然無存了。

「為什麼他們比我多？我哪一點比不上他們？真是沒天理……」這時不

滿就會產生。

當然除了錢，我們還會做其他比較。例如：誰比較有才幹，誰比較漂亮，誰比較成功。不單跟同事，我們也會拿自己跟同學，跟兄弟姐妹，跟親戚朋友，甚至跟鄰居比。

人在比較就會產生羨妒，羨妒就是羨慕別人擁有，而又痛恨自己沒有的心理狀況。羨慕和嫉妒其實是一對的，它們會生出一堆抱怨和不滿的孩子。

有個家庭主婦總是一開口就抱怨，某天她和丈夫談起鄰居一個單身、時髦的小姐。

「我聽說那位小姐是個公司主管，看起來很能幹。」太太抱怨說，

「哪像我，只是個家庭主婦，我真羨慕她！」

丈夫回答：「其實當家庭主婦也不錯啊！」

太太又說：「那個小姐每天都穿著漂亮的套裝，而我卻連件像樣的衣服也沒有！」

丈夫回答：「她時常應酬到半夜，聽說身體都搞壞了。再說妳要套裝做什麼？又穿不到……」

太太覺得不服氣，「那她的每個皮包都是名牌的！哪像我，用的都是地攤貨，你為什麼都不買名牌皮包給我？」

「唉！」丈夫無奈地回道，「那是人家辛苦賺來的錢，要怎麼花是她的事。我一個人的收入要養一個家，怎麼負擔得起？」

太太聽到這裡，覺得有點委屈，紅了眼眶。

「妳別難過……」丈夫安慰她說，「其實，妳有一個顧家的老公，還有兩個可愛的孩子，這些都是『那個小姐』沒有的呀！」

太太這才露出微笑。她才想到，自己本來就是「這個」家的妻子、母親，而不是「那個」小姐。

在人生的道路上，每個人走的是不同的路，根本沒有誰比不上誰、誰超過誰的問題，因為那是不同的人生，既是不同的又如何比較？羨慕或嫉妒都是沒有意義的，因為你不可能變成另一個人，也不可能過他的人生。

我們總看到別人擁有的，其實你也有很多是別人沒有的呀！例如說：

你可能有堅固的牙齒，當別人只能吃西瓜時，你卻能啃甘蔗；你可能有修長的手指，當別人只能吹口琴時，你卻能彈鋼琴；你可能有貼心的寵物，當別人拒絕你的時候，牠永遠接納你；你可能有愛你的家人，當別人看扁你時，他們永遠支持你。

朋友寄來一則故事，頗讓人會心。

有個人常感嘆，自己生的兩個都是女兒。

有一天，當他要出門時，大女兒認真地對他說：「爸爸，你出門一定要小心哦！」

他回答：「好。」

女兒又慎重其事地說：「爸爸，你出門真的一定要小心哦！」

他再次回應了女兒的提醒，豈料女兒又說：「爸爸，出門一定要小心哦！」

他忍不住問：「為什麼一直叫爸爸要小心呢？」

女兒認真地回答：「爸爸，你要知道，家裡可是有三個女人深愛著你一個男人呢！」

他聽了窩心極了！當天他出門騎在摩托車上，都還會忍不住露出滿足、甜蜜的微笑。

缺憾，也有別人沒有的幸福。享有屬於自己的「專屬幸福」，是無可取代，也無法比較的。你又何必一定非得要別人的「那種幸福」呢？

其實，你原本就該滿足，只是你一再忘了這點又開始變得不滿。

表面上，人是在追求幸福，但其實是在尋找不幸。想想：

如果你不知道滿足，那麼你又怎麼可能對目前的生活滿意？

如果你總是想擁有別人的幸福，那你又怎麼可能感受到自己的幸福？

哲學家蒙田說：「一個人只想要快樂，這或許不難做到，可是如果他想比別人快樂，這恐怕就很困難了，因為別人其實沒有我們想像中那麼快樂。」

別人家的草比較綠，那是因為人家辛苦澆水施肥，這有什麼好吃味的呢？至少你家不會到處泥濘和聞到討厭的肥料味，不是嗎？

你無法解決「不是你的」問題

——人之所以會有無力感很大的原因在於，我們想去負我們不能負的責。

有時候，你在做某件事之前，就知道是錯的，但你還是做了它。走一條明知不該走的路，愛一個明知不該愛的人，發一個不該發的脾氣，介入一件不該介入的事……。

就像著魔似的，不管周遭的人怎麼勸你，你都執迷不悟，這很可能就是「你的」生命課題，而如果你對某人「屢勸不聽」，那也可能是

「他的」生命課題。

無論做了什麼，都是每個人在進化中所需要的，所以不要去評斷或譴責，因為他們所經歷的，正是他們所需要的；而你所經歷的，也正是你所需要的。

如果他陷入痛苦，也無須擔憂或操心，因為那個痛苦將帶給他成長。如果那個痛苦將給他一個新生，那你就不該去幫他，有時幫助不但害了他，也害了自己。

某個周末的夜晚，一個朋友打電話來，他向我抱怨另一個朋友：他婚姻出了問題，而且酒喝得很凶，最近他常來找我，若不陪他喝就說我不夠意思，陪了他又把自己搞得爛醉，現在連我家人都很不諒解，我覺得很無力……。

他滔滔不絕地說著，最後問道：「你不覺得他病了嗎？我看他很痛苦，你覺得我們該怎麼幫他？」

「或許吧，」我回答道。「但我不認為我們幫得上忙。我比較關心的是你。你怎麼幫你自己？」

如果有一個人坐在會漏水的船上，你不能上船幫助他，只能在岸上提醒他該怎麼把水舀出來，否則不但加快沉船，連自己都可能一起滅頂。

想要解除別人的痛苦，甚至承擔別人的責任而弄得疲憊不堪，是多年來我的親身經歷。我發現，人之所以會有無力感很大的原因在於，我們想去負我們不能負的責，我們想去改變我們無法改變或不想改變的人。

當然，我了解我們很難放下關心的人，甚至為他們憂心。或許他們正糟蹋著他們自己、你、以及你們的家人，而這一切就發生在你眼前。但是，你能怎麼辦？若你能的話，情況早就不一樣了，不是嗎？

如果有人真正在意你所做的一切，只有當你停止去做，他們才會真正發現。這是我的體會。只有停電的時候，他們才會發現手電筒不知在哪裡。

在生活周遭，我看到太多的人都是操太多的煩，擔太多的心——放不下小孩，放不下先生、太太，放不下年邁雙親，放不下墮落的朋友……，然而人總是要成長的，偏偏是你，給了太多呵護，讓堅強的心，一天比一天嬌弱。假如你一直提供拐杖，他們又怎麼可能站起來。這你想過嗎？

為什麼要去阻礙他們成長？為什麼不讓他們學會管好自己，學會為自己負責？

如果我們不讓他們自己負責，他們就不會負起責任。

引自精神導師肯．基瑟的話：「你的生命若沒有界限，別人就會進入你的生活，停留在你不希望的耽延和他們不應存在的地方。」如果你老介入別人的問題，那麼別人的問題就會成為你的問題。

所以，我們應該學習這麼說：「你有問題，我關心，我傾聽，但我不會也不能代替你做什麼。」

因為，我們無法解決「不是我們的」問題，對嗎？

你又在管誰的事？

——人要活得輕鬆自在，首先就必須先搞清楚「這是誰的事」。

你有沒有注意到，在我們生活周遭，有人日子過得輕鬆自在，有人卻總是操煩不斷，為什麼？如果你進一步了解，就會發現，其實問題不在麻煩的多寡，而是很多人會去「自找麻煩」。

人們的操煩，絕大部分是管了「不該管」的事。

作家拜倫·凱蒂說過，這世界上只有三件事：我的事、你的事和神的事。而我們的問題，就出在愛管「你的事」和「神的事」，卻沒管好「我的事」。

比方，當我們在想：「小顏婚姻不美滿、小陸好吃懶做、老李對我很不滿意，或是某個人忘恩負義，某個人會怎麼想，他為什麼不高興……」我們就是在管別人的事，因為這並不是「我」能決定和控制的，對不對？這就是「你的事」。

此外，當我們擔心掛慮會不會颱風、下大雨、地震、世界末日，或自己何時會死，我們就是在管「神的事」。

人要活得輕鬆自在，首先就必須先搞清楚「這是誰的事」。

過去我常把自己搞得疲憊不堪，反省自己時，我發現問題就出在我太涉入「你的事」。我曉得部屬與同事極私密的個人瑣事，我對親朋好友的事也參與得太多。我不僅熟知他們的私事，還涉入了他們的私人生活。我常給人出主意，又擔心別人會有意見，這就是問題所在。

在醫院，我常聽到許多病人擔憂自己的健康，這其實也是沒搞清楚「誰的事」。健康除了是自己的事以外，也是醫生的事。平常注意健康是自己的事，但是當生了病，我們去看醫生，我們的身體就是醫生的事，只有我們的想法是自己的事。更明白地說，你只要想法積極樂觀，其他事就交給醫生！

單國璽樞機主教在發現自己罹患肺腺癌之後，他的態度就是這樣——把癌症交給醫生，把靈魂交給天主，準備把遺體留給大地，並趁著生命最後一段時光，把愛留給世人。

也因為如此，他依舊談笑風聲地四處演講，做自己想做的事。不單是生死，生命有太多無法掌控和承受的事，像災難、意外、傷害等等，那都不是你、我的事，我們都必須學會放手。

有個記者曾問一位幼子被殘虐殺害的母親是否原諒了殺她兒子的凶手。那位母親說：「沒有，但我已經把這事交給上帝，因為它對我太艱鉅了。」這就對了！我們往往花太多時間試圖去原諒我們無法原諒，或試圖去接受我們難以接受的事，與其如此，不如放手，交付給上帝處理。

這讓我想起另一則故事：洛杉磯有個女性節目主持人有次深入貧民區，訪問了當地一位有愛心的婦人。

這位婦人孀居了好幾年，背負著沉重的生活擔子，但卻撫養了六名子女，同時還領養了十幾名孤兒。

這名節目主持人後來忍不住問道：「你這些年來養育了這麼多的孩子，而且個個爭氣，你……究竟是怎麼做到的？」

這名婦人回答道：「很簡單嘛，我有個很老的老伴。」

「妳不是已經……」那位節目主持人張口結舌地問。

「對啊，這個好老伴就是上帝嘛！我有一次對上帝說：『主啊！我來工作，其他就讓你去擔憂吧！』從此以後，我便什麼都不想了。」

引自教宗若望二十三世的話：「我盡全力，其餘的就交給主。」只要把你該做的事做好就好，其他就不關你的事了！

如果你充分了解這三種事，並且懂得只管好自己的事，日子必然會變得輕鬆自在。下次在你憂愁掛心時，不妨問問自己：你又在管誰的事？

人的煩惱就來自於：忘了自己的事、愛管別人的事、擔心老天爺的事。

從現在起，在你想或做任何事之前，問自己，那件事到底是「誰」的事？

把別人的問題還給別人，別把「你的問題」變「我的問題」。

把老天的遺憾還給老天，別讓自己製造更多的遺憾。

記住，煩惱不會自己來找你，除非你自找麻煩。

幸好，天不從人願

——你不可能錯過什麼，因為錯過的都不是屬於你的。

每當心願落空，事與願違，人總會怨天尤人，然而，當年歲漸長越能體會到：當天不從人願的時候，往往都有祂更深一層的美意。

前陣子買了間綠園道旁的房子，原本想選視野好的頂樓，沒想到還在考慮時，頂樓已有買主，只好選低樓層，當時還覺得很懊惱，沒想到當房子落成，交屋後才發現，頂樓不但樓高風大，景也差強人意。反倒是低樓層，高度恰好可以看到整個園道樹梢，一片樹海，綠意迎人。幸好！

也是前陣子的事。有位朋友引薦我到醫療行政部門服務，因機會難得，又可增添歷練，當時也曾陷入長考，最後因不符生涯規畫而作罷。如今看來也很慶幸，原因是後來內部人事變遷，加上政策夕變，與當初期待有很大落差。幸好！

多數人都有過一種經驗，就是在經歷一段不愉快或遺憾的事件之後，反而覺得慶幸。「幸好，當時沒有買成那間房子。」「幸好，當時沒有跟那個人結婚。」「幸好，當時沒被錄用。」「幸好，當時沒有答應。」「幸好，當時沒去參加。」……。

上天安排每件事必定有祂的美意，我們之所以會覺得懊惱失望，那是因為我們並不了解上天的整個計畫，也無法以較長遠的眼光來看眼前發生的事，所以才會去質疑：「天哪！老天爺為什麼要這樣對我？」這時，我們一定要有信心。

有時不管我們多努力、多麼拚命去追求強烈渴望得到的東西，就是得不到。那是因為上天有更好的安排。

有個人遺失了一枚金幣，正當他在草叢找尋那枚金幣時，卻發現一個巨大寶藏，他原本找尋的並不是寶藏，只是他遺失的那枚金幣。同樣的，當你遺失某物，在你找尋的過程中，可能會找到另外一樣東西。

我們錯過了「A計畫」，也許是上天為我們安排了「B計畫」。當時空環境不允許我們現在完成某件自己想做的事情時，這只是代表著未來還有更好的選擇在等著我們。

老天給你路障若不是要鍛鍊你跳得更高，就是要你繞其他路走，看看曲路迂迴的另番風景。

你陷入困局，可能是上天要你不再局限自己；你遇人不淑，可能是上天要你在遇到好人之前遇到壞人，讓你學會愛和懂得珍惜。

你不可能錯過什麼，因為錯過的都不是屬於你的。

等事過境遷再回頭來看，你就會懂；你就會領悟：幸好，天不從人願。

有人升了官、發了財、中了大獎、或是找到很好的對象，這些看來都是好事，但它們真的是好事嗎？不，那只是眼前。

有人丟了工作、投資失敗、考試落榜、愛人跟人跑了，你當然會認為這些都是壞事，但它們真的不好嗎？不，如果你拉長時間去看，那就未必了。

回想過往，我也曾挫折、也曾失意、也曾陷入絕境、也曾以為自己完了，然而事過多年的現在，我才明白，那些曾以為的不幸，原來是遲到的幸福。

當時誰知道？

人算不如天算

——該你的躲也躲不掉，不該你的求也求不來，即使再怎麼會算也沒用。

住在綠園道，經常可以看到有人推著嬰兒車。有些嬰兒車上附有小小的方向盤，孩子們可以把手放在方向盤上，感覺好像自己在控制車的方向，其實是後面推車的人在操控。

這讓我學到很重要的一課：有時我們以為自己在操控什麼，其實後面總有個比我們更大的力量在掌控。

你自己或周遭的人應該都有類似的經驗，有時明明計畫好或跟人談好了某件事，中途卻突然變卦；有時你原本沒有預計，壓根都沒想到的事，竟然就這麼發生了；有些事你想遇卻遇不到；有時你想刻意避免的事，卻偏偏發生。

說二則故事。

從前有個和尚到一戶農家去誦經，有個小孩在地上爬，手還拿著一個盛飯的杓子在地上挖來挖去，孩子的母親過來把孩子抱了起來，隨手將小孩手中的飯杓丟進飯鍋？和尚將經誦完，這位母親請他吃飯，和尚心想，地上的灰塵那麼多，小孩還拿飯杓在地上挖過，和尚實在不想吃這些飯，就謊稱有事，回寺去了。

過了幾天，和尚又來這農家誦經，這位母親端出熱騰騰的甜酒釀來，和尚覺得味道很好，一連吃了好幾碗，等吃完了酒釀，孩子的母親笑著說：「上一次真不好意思，你連飯都沒吃就回寺了，當時還剩下很多飯，我就將飯做成了甜酒釀，今天看你吃這麼多，我真的很高興！」

我們接著看下一則故事。

古時候，朝廷派兩位使者出使高麗，一位正使，一位副使。兩位使臣到了高麗國，受到國君熱忱的款待。當兩人順利完成使命回國時，高麗國還贈予他們許多禮品。正使對這些珠寶禮品並不特別在意，便交由副使負責看管處置。副使是個自私自利的小人，他把高麗國贈送給正使的禮物全放在滲水的艙底，而把自己的東西放在最上層，並用防水布密密實實地包裹著。

途中，海上突然掀起了大風浪，為了安全起見，船長要求乘客把隨行的東西都拋入海中，以減輕船的重量。於是眾人紛紛把東西往海裡扔，扔到一半時，海上的風浪漸漸平息，大家遂停止動作，開始檢查自己的物品。

這時副使才發現，自己的東西一個也不剩，全被扔進了海裡；而正使的禮品因為放在最底下，一樣也沒被扔掉。

該你的躲也躲不掉，不該你的求也求不來，即使再怎麼會算也沒用。我聽說，加州有名男子贏得了九百萬美元的樂透彩券，原因是他把結婚週年紀念的日期記錯了，填錯了號碼。

所以，做人不必太會算計，也無須太計較，別像那個自以為控制方向盤的小孩，只看到前面，卻忘了後面那個真正掌控的人。

沒錯，人算不如天算。

人生機緣往往有著令人猜不透的矛盾，我們越是一心一意想要到手的東西，往往怎麼也得不到；那些我們不大在意的東西，卻會意外落入我們手中。

佛家語：「無條件去捨，永遠會得；太貪婪地要得，總會落空。」

凡事不要刻意去求，最好的東西都是在你預想不到的時刻出現。當你眷顧他人時，相信幸運之神也正關注著你。

大不了也只是「回到原點」

——生命是一連串的割捨，為我們最終捨棄人間軀殼的最後一幕預先排演。

人生其實是由許多匆匆流逝的經驗組成的，我們只要回顧過去幾年的時光就可以發現這點，所有人事物都不停地消失、失去。

不管我們一生中能擁有多少幸福——慈愛的雙親、友愛的兄弟姐妹、恩愛的伴侶、至愛的兒女、可以談心的朋友。當無常一到，終究會失去，只是時間早晚的問題。

當死亡來臨，我們的財產、事業、名位也都會消失。我們最喜歡、最愛的這個那個……什麼也帶不走，所有的一切在我們離開時，我們都得放掉。

引自《法句經》：「凡聚合的終將分離，升起的必然落下，相遇的也要道別，生命終將以死了結。」有一天「生離死別」必然會到來，這就是人生的實相。

希臘哲學家安那克薩哥拉斯，聽到遠在希臘愛奧尼亞的兒子因為一場疾病而離開人世時，還與一群朋友泰然自若地聊天。

有人奇怪他為什麼沒有悲傷的神情，安那克薩哥拉斯平靜地說：「從我兒子生下來的那一天起，我就知道他終有一死。」

一個有所領悟的人，應該在擁有的同時，就洞悉了；在得到的瞬間，也看見了將來失去的必然。這樣的人生實相，若我們能越早認知就越能坦然以對。

在我們來到人世之前，原本是單獨一個人，在我們離開人世時，也是單獨的，我們只是「回到開始」。

在我們認識某人之前，原本是自己一個人，在那個人離去之後，我們只是「回到當初」。

音樂家魯賓斯坦曾因為失去所有而萬念俱灰，後來他自殺不成，忽地反問自己：「為什麼我要結束生命？」本來人出生時就是一無所有，沒有金錢，沒有女友，也沒有朋友，什麼都沒有。而再次失去這些，又有什麼好可惜的？

我們來到人世時本來就是兩手空空，走的時候也是兩手空空，我們本來就是從零開始的。就算失去，大不了也只是「回到原點」，不是嗎？

生命是一連串的割捨，為我們最終捨棄人間軀殼的最後一幕預先排演。

有緣起就有緣滅。人生彷彿就像一場旅行，途中所見風景儘管再美，我們也不可能用行囊包裝帶走，所有因緣聚合的，到生命終了也將因緣而各奔東西。

就因為失去必然會發生，分離必然會到來。當擁有的時候，我們就要懂得珍惜；當失去的時候，也不必太失落。

在清晨時分綻放的花朵到了傍晚時也許枯萎凋謝；隨著日出而來的幸福，也許隨著日落而去。所以，不要執著，不要抗拒，只要好好珍惜把握當下！

慶祝我們曾有過的美麗回憶

——愛的可貴在於永恆，而不在永久。

很久以前，有對老夫婦，養了一個小女孩，他們非常寵愛她。

每年一到小女孩的生日，他們就到田野裡採摘女孩最喜歡的花，編成花束。回來之後，老爺爺就把他們的小農舍裡裡外外洗刷乾淨，然後用美麗的花來布置家裡每個地方。老太太則煮著小女孩最愛吃的東西，為她烘焙一個大大的生日蛋糕。

但這一切美景到了小女孩十六歲那年就破碎了，因為她遇上了從遠方來的王子。他在出征的歸途中，經過這個小農莊，他請求她當他的新娘，答應要給她世間所有的榮華富貴，但有一個附帶條件：她這一輩子將無法再見到她的父母。

這對老夫妻對一切可以讓小女孩快樂的事，從不會拒絕，但他們不敢想像，沒有了女兒是怎樣的日子。他們向她提起村裡的許多男孩子，只要有意娶她的，他們都跟她說了，但小女孩已決意要離開，雖然她也很愛她的父母，但命運之神正在向她招手，要帶她到未知的將來。

她和父母相擁而泣，但王子很快地將他們拉開，把女孩帶上馬，揚長而去，從此以後，這對老夫妻再也見不到他們心愛的女兒了。

年復一年，日復一日，每天太陽升到田野上時，老爺爺與老太太就會走到當年女兒離去的地點，悲傷嘆氣。在女孩生日的那一天，他們就躲在黑暗的角落裡哭泣。他們的心碎了，他們生命中的唯一已離他們而去。

後來，老爺爺生病了，村裡的醫生來看他，給他開了藥，但對他一點幫助也沒有。日子一天天過去，眼看小女孩的生日又快到了，老太太知道他的身體非常虛弱，面對這個特別令他痛苦的日子，恐怕會熬不過去。想到這兒，老太太突然有個主意。

到了小女孩的生日那天，老太太變得非常忙碌，她掃去堆積多年的灰塵，修補破舊的農舍，到田野採了許多野花，然後回到廚房，開始下廚料理。「妳在忙什麼啊？」老爺爺躺在床上虛弱地喊道。

「這些年來，我們因失去愛女而活在痛苦記憶裡，」老太太說，

「但是今年將不再如此，因為今年我們要慶祝，慶祝我們過去曾有的美好回憶。」

說著說著，她端出一個超大號且漂亮的生日蛋糕，這是農莊有史以來最美的蛋糕，這也正是老爺爺所需要的治病良藥。自此以後，每到他們女兒生日的那一天，老爺爺就會到田野裡，盡其所能地採到最美麗的花，老太太則烘焙最好吃的蛋糕，然後兩人高興地慶祝他們女兒的生日，回味女兒帶給他們的快樂。

愛的可貴在於永恆，而不在永久；曾經擁有，就不必遺憾；曾有過美好，就不必覺得失落。

儘管失去一段感情，但卻沒有必要連那個人、那段關係所賜給你的禮物也一併失去。你可以選擇靜靜地感謝對方帶給你的成長和啟示，感謝對方曾給你甜蜜時光與美好回憶。

畢竟，曾經擁有，就曾經幸福過，不是嗎？

不要因為完結而哭，要為曾經擁有而微笑。

當你想念或無法忘懷某個人時，你可以這麼做：

- 完成一本記錄著你和那個人相處歷程的相本，以相片追憶你們的故事。
- 為那個人種一棵植物，以照顧植物，來表達你的愛與關懷。
- 完成和那個人之間做過的約定，以此紀念。
- 把那個人的生日定為紀念日，以此慶祝。
- 找一位也認識他的人，一起回憶與敘說關於那個人的一切。

美好的時光雖不能長留，可是我們有記憶，可以把美好保存在腦海中。

蘇格拉底曾說過：「能憶起它，你就擁有它。你失去的每一樣東西，都可以藉由這樣的方式重新拾回。」

當愛人離去，他真的不在了嗎？不，他已經存在你心裡了，你反而更感覺到他的存在。

你所找尋的愛，正是你失去的愛

——失去了愛之所以讓人痛苦、絕望、悲傷，那是因為我們失去了自己。

在一個座談會上，有一個中年男人氣急敗壞地數落妻子，就因為她琵琶別抱，跟別的男子跑了。這位心碎的男人，他失去了所愛的女人，失去了自尊，更失去多年來的感情投資。

然而，從相反的角度來看，其實他的愛還存在著，也正因為愛還存在，才會讓他深刻體會到椎心之痛。

換句話說，在失落與心碎的同時，也讓這名男子真正地認識愛是什麼。過去他妻子還在的時候，他從未在意，直到妻子離開才讓他體會到。原來，他失去的愛，正是他所找尋的愛。

人在痛失摯愛之後，常會以為，那人消失了，那愛也跟著失去。那是不對的。如果你認為心中已沒有愛，只有恨，等到那個人去世，你卻會傷心難過，這表示愛還是在的。

如果你對某個人有愛，那愛就不會隨著那個人的消逝而離去，只是，現在那分愛已在你身上，必須由你自己給出去。你可以回想，過去那個人是如何使你感受到被愛，如何讓你感受到被關心與在乎，你是否願意以相同的愛去愛你自己，以及周遭的人？

我們失去的親人是為了喚起我們的愛。愛是人類的本源，當我們去愛，我們內心充滿溫暖、喜悅和希望，那是因為我們找到了自己。失去了愛之所以讓人痛苦、絕望、悲傷，那是因為我們失去了自己。

套句羅伯特．佛洛斯特（Robert Frost）的話就是：「你將不斷地迷失，直到你找到真正的自己。」

也許當你所愛離開的時候，那個人會帶走你的「自信」或是「喜悅」；或許當你與所愛分手的時候，你的「溫柔」與「堅強」也同時被帶走。因為當初是你自己讓這些特質離你而去，所以現在也應由你將它們找回來。

要知道，當你失落原本的特質，而離開你的人卻擁有這些特質，你的內心就永遠也放不下這個人。

因為，你所找尋的愛，也正是你失去的愛。

愛不是從別人那裡得到的，愛本來就在我們身上。沐浴在愛裡，我們敞開心房，所以能感受到自己內在美好的一面。就算愛人為了某些原因而離去，我們原本美好的潛質依然存在，只是心房不再打開，無法展現出美好的一面。

我們也不可能失去愛，因為我們的本源就是愛。如果你因愛而受苦，那是因為你離自己的本源越來越遠。

你不但沒有失去，反而找到自己

——你的痛苦和失落，並不是因為失去某個人，而是失去自己的一部分。

我們絕大多數的人，內心都充滿了「坑洞」。

坑洞是什麼？坑洞指的是我們已經失去聯繫的一部分，也就是我們對本源的覺察，譬如愛、價值感、與別人連結的能力等等。如果無法覺察到我們的本源，它就會停止顯現，然後我們就會感到匱乏不足。這是作家阿瑪斯在《鑽石途徑》一書中提出的「坑洞理論」。

他說，當我們感受不到自我價值時，內心會有一種空空洞洞的感覺。我們會感到匱乏、自卑，只想拿外在的價值來填滿這個洞。比方我們會想得到別人的讚美和肯定，這就是在填補空洞。

按這個理論來說，人們之所以會渴望相互擁有，也是因為別人能填補你的洞。你可能因為這個人而感覺到自己的價值，於是，你會不知不覺地認為是那個人使你變得有價值，你所經驗到的滿足都是他帶給你的。

當兩個人很合，就意味著你們很能「互補」，你們都填滿彼此的洞。反之，當坑洞沒有被填滿，比方，沒得到對方的愛和肯定，你就會感到嫉妒和不滿；當對方傷了你的自尊，或者說了某些讓你不舒服的話，你會感到憤怒和受傷，那是因為心中的洞又暴露了出來。只要對方無法填滿你的洞，或者你無法填滿對方的洞，兩人的不滿就會一直持續。

人們害怕分離，說穿了也是害怕面對自己的空洞。當親密愛人離開或消逝，你傷心難過，感覺上就像肉被切開，你可能會發現愛的感覺、自我價值、安全感，甚至意志力都不見了，那也是因為他們的離去讓以前被填補的洞，又暴露了出來。

更明白地說，你的痛苦和失落，並不是因為失去某個人，而是失去自己的一部分。

當你說：「沒有他，我再也活不下去。」其實真正的意思是：「沒有了他，有一部分的我，再也無法彰顯。」因為那部分的自我，已然失去。你就必須面對自己的真相，你會發現自己竟是如此空虛、無趣、沒價值；你會發現自己竟是「坑坑洞洞」。這就是人們很難放下關係的原因。

事實上，當我們放下關係，我們對本源的覺察才能甦醒。如果你能跟這分失落的痛苦共處，不再試圖抓住別人，你就會清楚地看見那些洞。如果你允許自己去體會自己的不足和空虛，並能消除心中的坑洞，你便能找回你失去聯繫的那部分。

阿瑪斯說過：「能填補你的東西，並不是真正的你。」

你不願面對自己，那麼當別人離去時，你也會失去自己；反之，如果你願意面對自己，當別人離去時你反而找到自己。

沒錯，別人離去會帶走你的價值，是因為你從來沒有意識到自己的價值。當你懂得自己的價值，並找到自己的喜悅，這個價值和喜悅就沒有人能帶得走。

別當「快樂植物人」

——自己的感覺自己最清楚，自己的快樂要自己求。

心大致有兩種形式，一種是向外，接收外境；一種往內，這往內的心可以清楚地經驗著自己。就像你現在很快樂，並不需要別人來告訴你。

你無法感覺我的頭痛，我也沒有辦法感覺你的頭痛；你不能幫我快樂，我也無法幫你快樂。我們完全擁有自己痛苦、自己快樂和自己感受的責任。若我們能清楚地明白這一點，我們就自由了。

一直以來人們都有一種誤解，以為我們的感受是來自外在，以為我們需要的某些東西包括：認可、賞識、讚美、支持、愛都是來自別人，並以此決定自己的感受。如此一來，我們便一直需要別人的感情施捨和慈悲，因而經常落得失望、悲傷，那是一定的。

有位弟子問師父說：「為什麼我的悲傷感覺比快樂真實？」

師父答道：「因為悲傷是你的內心感受，那是真實的；你的快樂不是你的，你的快樂倚靠著別人。」

有依賴就很難有快樂，因為你是在「求人」，你把自己變成一個需要別人替你澆水的「快樂植物人」，如果得不到水，你當然會枯萎。

自己的感覺自己最清楚，自己的快樂要自己求。想要活得快樂、有尊嚴，就要學習不求人，而應該反過頭來求自己。怎麼求自己呢？很簡單，就先從「愛自己」做起吧！

首先要「忠於自己的感覺」，這是愛自己，也是讓自己快樂的第一步。

有一個女學生曾半開玩笑地問我：「忠於自己的感覺？我怕這樣會把男友嚇跑。」

「那要恭喜妳，」我說，「如果他跑掉，就讓他跑吧！」

事實上，如果你忠於自己的感覺，愛你的人會留在那裡，甚至還會更欣賞你，只有那不愛你的人會自動消失，那是好事。

作家威廉・費德說得好：「舒暢的心情是自己給予的，不要天真地去奢望別人的賞識。舒暢的心情是自己創下的，不要可憐地去乞求別人的施捨。」

依賴別人的愛一定會痛苦，而更愛自己就是解決痛苦的解藥。所以，別再去寄望別人了，快樂需要靠自己去成全。

我聽說，有個太太，在她丈夫每年過生日時，一定會到飯店定席，將全家大小都請到，還買蛋糕讓丈夫過個快樂的生日。等她自己的生日到了，她也一樣自己掏腰包，全套的過程再來一遍，讓自己過個快樂的生日。

她說：「如果我期待我的先生幫我過生日，很可能會造成雙方的不愉快。因為他慶祝的方法絕對和我不同，搞不好還會吵一架。與其等他表示不如自己慶祝來得爽快！」

她是對的，求人還不如求己。

如果你餓了，不必等別人來告訴你。要等別人感覺到，或等別人來給你食物，那你一定經常挨餓，甚至會餓死。

在這個世界上只有一個人能為你的快樂與否負責，那個人就是「你」。

舉凡你所倚靠的人事物，都不可能長久，因為沒有人能一直符合你的期待，對嗎？

如果你的快樂必須依靠別人，你等於把自己交給了別人，你使自己變成奴隸。換句話說，你讓別人來操控你，那你怎麼可能快樂呢？

「我照顧我自己。我只有自己可以依靠。」這是哲人葛洛喬·瑪克斯的肺腑之言，希望你也有所感悟。

歡喜心，不煩「腦」

——你知道，你愛惜，花兒盡情地開；你不知，你厭惡，花兒盡情地開。

在人生的旅途上，我們常說：「歡喜就好，不管做什麼事情，能夠歡喜最為重要。」可見歡喜是人人想要、夢寐以求的。

我們除了追求歡喜，更希望常保歡喜，然而為什麼真正歡喜的人卻少之又少？

那是因為我們的頭腦。當我們去做一件事，我們的心原本歡歡喜喜，但是頭腦會去計較，我們的腦子會求回報，一旦頭腦介入，所有的歡喜就被摧毀。

比方，你跟某人打招呼，若那個人沒理你，你會怎麼樣？你會不會想：「這個人真沒禮貌，跩什麼跩，下回再也不跟他打招呼。」

當你去洗碗、去整理打掃，這原本是很單純的一件事，然而如果你的頭腦又開始想：「為什麼是我？這應該是他的事情，不是我的責任，真是不公平。如果去做，他們就會吃定我。」這時就會生出不滿、抱怨和倦怠，對嗎？

心的本質是歡喜。如果你高興打招呼，你是順著你的心，為什麼要受別人影響？那是你高興這麼做，跟別人無關，就像雨水灑落大地，雨不會思考：「這些花草樹木有沒有感謝我？」雨只是自然地灑落。

鳥兒唱歌，是因為內心有歌要唱，牠不是為了得到讚美和掌聲而唱，也不求任何回饋。你去做任何事也一樣，那是因為你自己想做，如果你不想做，那連做都不該去做，否則遲早會變調的。

還記得初戀時的感覺嗎？當時你很歡喜，那是因為你是發自內心的，你單純只是去愛，後來你的頭腦介入，你計算誰給多給少，你開始在愛上頭添加許多期待。你想：「我為你付出那麼多，你為什麼這樣對我……」這時歡喜就變成了抱怨。

愛是要用心，而不是用腦。想像有個情人說出這樣的話：「我用整個腦袋來愛你。」這不是很怪嗎？

有一首詩：

你知道，你愛惜，花兒盡情地開；

你不知，你厭惡，花兒盡情地開。

不管你喜歡也好，不喜歡也罷，我們一樣盡情地做自己，這就是我想傳達的。

我們做任何事最重要的是自己要歡喜，至於別人是否喜歡，或者別人是否讓你喜歡，那並不是最重要的。沒錯，歡喜就好，不一定要喜歡。

人要歡喜，就要少用頭腦，多用心。

腦和心是完全相反的。

頭腦總是去計算、區分、分析、比較、判斷。而心，只是想把感覺和感情放進去。

頭腦總看別人，心則來自自己內在；

頭腦總想要得到更多，心只想要給得更多；

頭腦會不斷地將你拉回過去的往事，心只活在當下。

所以，當你做某件事，感到不快時，請檢視一下是否是來自「頭」而不是來自「心」？

你可以問自己：「這是我想做的嗎？」如果是的話，那就把「頭」放下，回到「心」，如此就能常保歡喜心。

別看到「頭頂」，就忘了「腳底」

——有時，人真的需要一些挫敗和刺激，提醒我們忽略和失去了些什麼？

釋迦牟尼在尚未成佛之前，經歷許多的修練，因而獲得極大的智慧。

有一次，佛陀有事必須趕往一個遙遠的地方，他心中掛念著目的地，無視路程的遙遠與艱苦，努力地趕路。走著走著，眼看再翻越一座山嶺，就可以看到自己要去的地方了。

佛陀舒了一口氣，暗自慶幸總算能夠及時趕到，就在他心情放輕鬆的同時，又再次感到鞋子裡那顆小石子的存在。

那顆小石頭真的非常小，小到讓人根本看不見它。

但在佛陀剛開始趕路不久，他就已經清楚地感覺到那顆小石子在鞋子裡，不斷地刺痛釋迦牟尼的腳底，讓他覺得十分不舒服。

佛陀一心忙著趕路，也不想浪費時間脫下鞋，索性便把那顆小石子當作是一種修行，不去理會它。

直到此時，目的地即將抵達，而時間還有餘裕，他才停下著急的腳步，在山路上取下鞋子，欲將小石子從鞋中倒出來。

就在佛陀俯身脫鞋之際，他看見周遭的山光水色竟是如此美麗！

當下，佛陀領悟了一項重要的哲理，他尋思自己一味地忙著趕路，心思意念只專注在目的地上，一路走來，居然完全沒有注意到四周景色的優美。

佛陀脫下鞋子，將那顆小石子拿在手中，讚嘆道：「小石頭啊，真想不到，這一路來，你不斷地刺痛我的腳底，原來是要提醒我，注意生命中一切可能的美好，你真是我的良師啊！」

只看到「頭頂」，卻忘了「腳底」，是一般人的通病。

有時，人真的需要一些挫敗和刺激，需要「刺痛腳底的小石頭」，提醒我們停下腳步，看看在匆忙趕路時，我們忽略和失去了些什麼？

有位擁有權位的企業經營者患有心臟病，他很在乎成就、生產力和影響力，卻忽略自己的身體。當他躺在一家醫院的加護病房時，他才領悟到自己失去了生活中一些重要的東西，例如：他覺得自己對幾個孩子了解得太少，也太少陪伴他們；他還答應過要帶妻子去很多地方。

我認識一位女病人，當她從神經外科加護病房中醒來時，她有感地告訴我，她已經與動手術前的自己截然不同。這場病讓她停下腳步，她心中的優先順序完全改變了，再也不汲汲營營。雖然她善盡日常生活的義務，但是深知這些世俗的東西並不是最重要的。她開始把心放在當下，生活也變得充實且滿懷喜樂。

想想，在人生的旅程中，你是否急著趕往目的地，而忘了欣賞周遭的美景，和關心自己與身邊的人？

約翰．藍儂（John Lennon）在身亡前寫下這句話：在你忙得不可開交，無暇思及人生問題之際，人生便悄悄地從你身邊流逝。

人們為了過更好的生活，總習慣給自己定下目標——要找到好工作、要賺很多錢、要換新房子、要升上某個職位……。結果在整個追求和忙碌的過程中，反而忘了過好生活。

追求只是手段，幸福快樂才是目的。如果把追求看成目的，而忘了把生活過好，就像只看到「頭頂」，卻忘了「腳底」，那樣遲早會摔跤的。

快樂的人，就是安於自己位置的人

——我們就像在生命舞台上的演員，不管站在什麼位置，都該演什麼像什麼。

你還記得小學一年級時的座位嗎？是第五排第三個位置，也許是第三排第七個位置。總之，當你一進教室，就知道該走到哪個「位置」上。

等你長大，去看表演、看電影、聽演唱會、找車位、買房子，甚至找工作也都是在找「位置」。只是有的位置待的時間長，有的待得短。

位置經常是換來換去的。

在生活中我們都扮演著多重角色，有時是人家太太，有時是孩子的媽媽、人家的媳婦，也可能是一位老師，每個角色也都是個「位置」。換了位置，角色當然不同。例如一些主管或軍人，習慣發號司令，回到家常忘了自己也是個父親或丈夫；有些老師，習慣教導別人，回到家就忘了自己也是人家的媳婦或太太，這就是沒搞清楚「自己的位置」。

我們就像在生命舞台上的演員，不管站在什麼位置，都該演什麼像什麼。上班有上班的樣子，回到家，就該扮演好自己的角色。在台上的位置，就要投入演出，在觀眾位置時，就要學會欣賞和鼓掌。

有時，我們也要換到別人的位置看事情。比方，做老闆的要換到員工的位置，而做員工的也要換到老闆的位置來看事情；再如親子間、師生間，或是婆媳間、同事間、夫妻間、親友間……。由於位置不同，立場不同，也應該異地而處。因為只有當我們換到別人的位置才能理解和體諒，也才能安於自己的位置。

去跟人比較，或去計較都是不必要的。就像一個劇院裡面有一千個位置，如果你坐在第二十一排第三個位置，但卻一直羨慕第五排的第十二個位置，於是，整個看戲的過程，你始終把注意力放在位置好壞，那又怎麼可能靜心享受和專心觀賞呢？

人要想快樂，就必須知道自己的位置，而且能安於自己的位置。

不管你從事什麼工作，待在什麼職位，遇到什麼處境，如果你隨時可以蹲下，就不必在乎有沒有位置。

不管你念的是什麼學校，或是上哪一門課都一樣，坐在最好的位置，卻不認真，那比坐在最爛的位置，卻用功認真的人，更沒有收穫。

不管你在哪裡，或是坐在那一個位置上。要記住，最好的位置，就是你現在所在的位置。因為每個位置都是獨一無二的，都能欣賞到別人看不到的東西。

一個快樂的人，就是一個知道自己位置，而且能安於自己位置的人。

一直盯著看，就不美了！

——你越是想到自己，你就越不快樂。

有個年輕人最大的理想，就是希望成為有錢人。為此他不但天天加班，賺來的錢也幾乎都拿去投資。

短短幾年內，他就累積了可觀的財富，可是他覺得自己越來越不快樂，變得錙銖必較，甚至得了憂鬱症。老闆察覺他的異常，建議他回老家休息幾天。

返家後，他與老父親一起坐在門前乘涼，腦子裡卻悶悶不樂地想著：這樣休假，會少賺不少錢，真划不來。

突然，老父親指著夕陽，問：「兒子，你看，夕陽那麼美，你為什麼不多看幾眼？」

兒子順從老父親的話，雙眼直直望向夕陽。不過看了一會兒，他就發現夕陽乍看之下光線柔和，但一直盯著看，卻覺得光線越來越強，讓眼睛酸澀難耐。他用力眨眨眼睛，想要看得更清楚，但眼前漸漸只剩下一片刺眼的紅光，其餘什麼也看不到。

男子於是閉上眼。老父見狀，問：「你怎麼不看了？難道夕陽不美嗎？」

「一直盯著看，就不美了！」

「那你現在不要看夕陽，看看旁邊的風景吧！」父親說。

男子照做了。他張開眼睛，看見一望無際的稻田，在夕陽照射下散發出溫暖的光芒，天空幾隻白鷺寧靜地飛過……不經意間，男子眼角的餘光又看見了夕陽。

他驚訝地發現，剛剛刺眼的夕陽，又恢復了柔美。「真美……」男子忍不住發出讚嘆。

「孩子，人生也是如此啊。」老父拍拍兒子的肩膀，「如果你的眼睛一直盯著『我』看，最後『我』反而會消失；相反地，當你看著『別人』的時候，你也會同時看到『我』的美麗與偉大。」

當你一直想著自己，自然會變得封閉，你很容易就陷入「我執」，陷溺在自己的焦慮、憤怒、痛苦、挫折、抑鬱、嫉妒和怨恨裡面。你越是想到自己，你就越不快樂。

當你感到快樂時，你注意一下，你將發現你是無我的。是的，在那些快樂、喜悅、幸福的片刻，突然間自我消失了。那也是為什麼許多人在無私奉獻，做義工之後，會覺得很快樂。

給別人散播花香的人，自己也會沾上一縷花香；為別人帶來陽光的人，自己也不會被排除在外。

如果有一個美麗的事物，你能夠一直看多久？你的眼皮終究要闔起來，你不得不休息。一瓶喜歡的香水，你能夠享受多久？你能夠一直把鼻子放在香水裡嗎？如果你喜歡吃冰淇淋，你能在胃裡面塞下幾個呢？你能夠享用多少甜甜圈？十個、一百個、一千個，如果連著吃你遲早會厭惡的。

自己吃只能吃到一個味道，與人分享，可以享受到不同的味道。獨自欣賞是一種美，但與人分享更美；獨自品嘗是一種快樂，但與人分享更樂。

什麼都沒有，真好！

——如果你什麼都沒有，問題也沒有，也就沒有什麼好抱怨的了。

常聽到許多人埋怨、哀嘆生活中的一些芝麻小事。

仔細思考，覺得這些人實在不了解生活中能夠發生這些小問題是多麼幸運的事，我們應該慶幸於自己擁有這些問題才對。

簡言之，我們對自己所擁有的一切，缺乏一分感恩。

怎麼說呢？比方，你常抱怨某些問題，但是當你說你「有問題」時，那就表示你擁有些什麼，不是嗎？若沒有車子，就不會有「車子的」問題；沒有小孩，就不會有「小孩的」問題；沒有房子，就不會有「房子的」問題；沒有工作，就不會有老闆和同事間的問題。所以，我們應該感謝問題。

不要因為事情麻煩而抱怨。你的收入多就是因為工作麻煩。有些人不需要負什麼責任，沒有什麼麻煩，報酬也少。若不是難纏的工作，別人很可能早就取而代之了，不是嗎？

你或許有經濟的問題，或許欠一屁股的債，這也應該感恩。因為如果沒有人願意借你錢，你又怎麼會欠錢，對嗎？

好吧！那如果一無所有呢？難不成也要感恩？

沒錯，你也應該感恩。

說一則有趣的故事：

有一個頑皮鬼無所事事地四處遊蕩，有天見到在山上潛心修行的老和尚，興起了嚇唬他的念頭。於是頑皮鬼變化成無頭鬼走到老和尚的面前。

老和尚輕描淡寫地說：「真好，沒有頭就不會頭痛了。」

頑皮鬼很無趣地走開，之後又變成一個有頭有腳，但是沒有肚子的鬼，心想這次一定可以嚇到老和尚。

老和尚看了看說：「好棒，沒有肚子就不會肚子餓，再也不用費心找食物了，真是幸福！」

頑皮鬼氣呼呼地走開，想了好久終於想到變成一個沒有五官的鬼，就不信還嚇不倒老和尚。

老和尚還是淡淡地說：「沒有耳朵，就聽不見擾人的噪音；沒有眼睛，就看不見人間的醜陋；沒有鼻子，就不會流鼻水；沒有嘴巴，就不用辛苦地說話，真是值得高興。」

頑皮鬼再也沒輒了，只好認輸離去。

如果你什麼都沒有，問題也沒有，也就沒有什麼好抱怨的了。

如果你有水喝、有床睡、有工作做、有房子住，那就別再發牢騷了，你只是忘了要感恩。

有一次颱風淹水，一個乞丐父親和兒子看見這樁天災。

「爸爸，很多房子都被水淹了！」

「嗯，不單是房屋，裝潢、衣服、車子都泡湯了。」

「還好，我們沒有房子，也沒有東西，不必為淹水操心，也不會蒙受損失。」

什麼都沒有，就什麼都不會損失。

有位教授曾在一年內遭竊三次，之後他有感而發地說：「我們怕被偷、被搶，直到值錢的東西越來越少，我才領悟，家徒四壁已無可偷，反倒自由自在，無牽無掛。」

什麼都沒有，真好！

得其實是失，沒有就是有

——沒有，其實擁有更多。

人都以為「有」就是得，一旦「沒有」就感覺失落，這是一般人普遍的迷思。

事實上，當我們擁有的同時，失去也在發生。

擁有一位伴侶的同時，也失去了屬於個人的空間和自主；得到一份工作的同時，也失去了某些時間和自由；擁有了成人某些權利的同時，也失去了身為孩童的某些權利。

而失去的同時，往往也表示得到新的可能。失去了健康，也許找回了親情；失去一個不愛你的人，也許找到你真愛的人；失去工作，也許創造出其他事業。

得失都是相對的。平庸碌碌的小人物，雖然沒有閒錢，但日子卻很清閒；擁有大公司和大別墅的大老闆，可能什麼都有，卻沒有空閒。

所以，「有」不見得是好的，「沒有」也不見得不好。可惜的是世人總是被外在、有形的東西所迷惑，都太執著於「有」，以至於看不出來「沒有」其實也是一種擁有。

我認識一位朋友，他非常喜歡武嶺清境優美的風景，為了能享受這片美景，他在附近買了一片土地。不過，自從買了地之後，他每次到這個地方的心情都跟以前大不相同。在未買地之前，他的心跟整片大地合為一體，買了地之後，他發現自己的視野反而被一小塊土地限制住了。

他原本希望買了這片土地後，能更接近這片美景，沒想到擁有之後，自己所看所想都是這片土地，反而跟美景越離越遠。於是他決定把土地賣掉。他領悟到了：精神上的擁有，比實質上的擁有重要！

一塊土地需要整地、除蟲、除草，要防土石流，還要規畫怎麼利用；但是自然美景不必花心思，不花一毛錢，隨便你享受。

公園附近的土地你買不起，沒關係，你可以直接到公園享受。有專人會幫你整理打掃、幫你整修花木，又不用付費，那不是很好嗎？何必非擁有不可？

你家對面的房子外觀比你家美，沒什麼好羨慕的，你只要打開門窗就能欣賞，住在房子裡面的人反而看不到。

你買不起陽明山的別墅或貴重的古董，也沒什麼好感慨的；整個陽明山國家公園和故宮博物院，只要你有時間，它們就是「你的」，可以隨你觀賞。

沒有，其實擁有更多。對一個兩手空空的流浪漢來說，雖然什麼都沒有，但也等於擁有全世界。

大地是床，石頭是枕頭，樹木是遮陽傘，草原是地毯，天空是天花板，太陽是電燈泡，河流是游泳池，鳥啼聲是鬧鐘，車水馬龍是交響曲……。就像蘇東坡所說：「惟江上之清風，與山間之明月，耳得之而為聲，目遇之而成色，取之無禁，用之不竭，是造物者之無盡藏也。」

如果你能領悟「得其實是失，沒有就是有」的智慧，你的生活也將隨之豐富多彩，心情也會變得豁達開朗，不再患得患失。

每個人都有一個寶盒，如果你的寶盒都裝滿了，你當然很難裝得下其他東西，除非你先拿一些東西出來。正所謂「有得必有失」。

而如果你的寶盒是空的，那表示你還有很多空間，表示你想裝任何寶物都可以。正所謂「沒有就是有」。

什麼都有，所以才不快樂

——什麼都沒有，什麼都可以快樂。

在洪志明先生所著的《一分鐘寓言》裡，讀到這則寓言。

富有的國王有一個不快樂的王子，國王不知道王子為什麼不快樂。

有一天，他問王子：

「你什麼東西都有了，為什麼還不快樂呢？」

王子說：

「就是因為我什麼都有了，所以才不快樂。」

不快樂的王子要去找快樂。

有一天，他遇到一位快樂的樵夫。

王子問：

「為什麼你什麼都沒有，還這麼快樂？」

樵夫說：

「誰說我什麼都沒有？春天的百花是我的；秋天的明月是我的；夏天的涼風是我的；冬天的白雪也是我的。我比誰都富有，怎麼會不快樂？」

不快樂的王子要去找快樂。

有一天，他遇到一位快樂的樵夫。

王子問：

「為什麼你什麼都沒有，還這麼快樂？」

樵夫說：

「誰說我什麼都沒有？我吃的飯和你一樣多；我睡的床和你一樣大；我做的夢和你一樣美。你不能自由自在地到處遊玩，我可以；你不能隨隨便便地躺在地上看雲，我可以。所以，為什麼我會不快樂？」

不快樂的王子要去找快樂。

有一天，他遇到一位快樂的樵夫。

王子問：

「你那麼窮，為什麼會那麼快樂？」

樵夫說：

「誰說我窮？你比我還窮。」

「我比你窮，這話怎麼說？」王子一臉懷疑。

「你是王子，以後會變成國王。如果再多拿一個國家來跟你換你現在擁有的自由，你肯不肯？」

「當然不肯。」

「那麼自由是不是比國土還珍貴。」

「是的。」

「我比你自由，你想我會比你窮嗎？」

不快樂的王子問快樂的樵夫。

「你只有一間破茅屋，我有一座大宮殿，為什麼你比我快樂？」

「拿我的快樂換你的宮殿，你肯不肯？」

「不肯。」

「所以，你不快樂。」

很有意思的一則寓言。

有錢人很難快樂，因為他們什麼都有，所以「沒什麼」值得快樂。

窮人比較容易快樂，因為他們什麼都沒有，什麼都可以快樂。

一個人會窮，不是因為他缺少了什麼，而是因為他不知足。
一個人富有，不是因為他擁有了什麼，而是因為他很滿足。
有錢的人未必是快樂的，但是，沒有一個快樂的人是貧窮的。

擁有越多，感覺越少

——如果已經燈火通明，即使多點幾枝蠟燭，你也不覺得變亮。

有個人在非洲沙漠裡，口渴難熬時得到一杯水，給他帶來無比滿足與幸福。而當他回到城市，到處都有飲用水，一杯水給他的幸福幾乎降到了零。

有個人在貧困的時候，吃到豬腳麵線可以回味幾個禮拜。後來，當他生活富裕之後，再去吃豬腳麵線，卻覺得沒有當年好吃，吃多了還覺得反胃。

同樣的東西，對於不同需求狀態，其幸福效應是不一樣的。也就是說，人從獲得的東西中得到的滿足感，會隨著所獲得物品的增加而減少。

我們多數人都有一種迷思：以為擁有越多，感覺就越好；以為有錢人會比較快樂，事實正好相反。一個窮人用幾百塊就能得到的快樂，當他有錢後，可能要花幾萬塊，甚至幾百萬才能得到同等的快樂。

有一個關於窮人和富人的故事。

富人有十萬元，而窮人只有一千元。

窮人和富人都買了五元一張的獎券，結果都中了一千元獎金。不同的是：窮人樂得幾乎跳了起來，因為他的財富又增加了一倍；而富人卻沒有任何感覺，他還遺憾自己未得到更大的獎。

給一個缺錢的人十萬元，另外再給一個富豪一百萬元，你想誰會比較快樂？一定是那個缺錢的人，那個富豪得到的雖然比較多，但因為他太有錢了，也就覺得沒什麼。

沒錯，口渴的時候，喝水最甜；如果喝很多水之後，或者喝完飲料再喝水，就會覺得一點都不甜；當你肚子很餓的時候，有一顆饅頭吃，那是美味；但當你吃了太多顆饅頭，就會覺得食不知味。

這就是為什麼有許多人回顧過去，都覺得他們一生最快樂的時刻，正是他們艱苦奮鬥，逐漸擺脫貧窮的時候。原因是當人一無所有的時候，只要擁有些什麼，就能讓人覺得幸福和感激。後來什麼都有了，反而失去先前的感覺。

這些年你覺得自己快樂越來越少，很可能不是因為你缺少什麼，而是你擁有的越來越多，反而越來越難滿足。

如果已經燈火通明，即使多點幾枝蠟燭，你也不覺得變亮，情況就是這樣。

第一次吃糖的感受最深，體驗到的最幸福，之後越來越覺得沒什麼。幸福只是一種感覺，與得到多少無關。

許多人認為：沒有錢要怎麼快樂？其實，快樂和錢的多寡無關，只是錢越多的人通常越難快樂。

俄國文學家馬克西姆．高爾基說得對，「誰的需要越小，他的幸福就越大；誰的期望越少，他的快樂就越多。」

一個富豪得到幾百萬元，他的幸福可能還不及一個得到一萬元的工讀生。

只有感受到的，才是擁有的

——擁有不如享有。如果你懂得去感受又何必要擁有？

富有有兩種。一種是數字上的富有，一種是自己感受到的富有。

富有與否完全憑自己的感受來決定。即使我們擁有某些東西，如果內心無法感受到，也等於沒有。

人所追求的都是自己沒感受到的。比方，有些人沒感受到愛，就會去追求被愛；有人沒感受到富有，就會去追求富有。但是富有是一種感受，並不是更多的數字，那就是為什麼有些人雖擁有很多，卻始終沒有富足、美好的感受。

我們所追求的本質並不是一種事物，而是一種內在的經驗或感覺。你想養一隻狗，不是因為閒著沒事，而是因為牠能帶給你某種感受，比方愉快、安慰、幸福、活力，這才是你真正想要的。你想擁有一個伴侶、一棟房子也一樣，如果你沒有一分特別的感覺，擁有與否又有什麼差別？如果你的感覺都一樣，甚至擁有之後感覺更糟，那又何必麻煩呢？

有人嫁入豪門後，為什麼不幸福？因為婚姻幸福的感受是在感情，不是金錢；有人換了新房子，為什麼沒有更快樂？因為房子是讓人擁有安全感和享受樂趣；如果房子不夠安全，或是房貸負擔太重，又怎麼感受到快樂？

把物質擺在心靈之前，等於是把馬車放在馬匹的前面，也就本末倒置了。

當然啦，要有感受，也不一定要擁有什麼。小孩子什麼都沒有，反而比大人快樂，不是嗎？

當我們還小的時候，即使最平常的事都能讓我們感到雀躍。我到現在都還能記起，小時候第一次到海邊的喜悅，當時內心感受到的悸動。我也記得以前陪小孩爬山，原本想找甲蟲，結果在山路上看到了老鷹、獼猴，又抓到金龜和天牛時的驚喜，即使已經事過境遷，卻仍然「常在我心」。

沒錯，只要感受到的就是擁有的。

我想起唐代有位賈島禪師，是很有名的詩僧。有一天，唐徽宗特地去探望賈島禪師，正巧禪師不在，侍者說：「師父上山採藥了。」

「常常去嗎？」

「是的，常常上山採藥。」

唐徽宗實在想不通，山上有什麼好的，為什麼禪師常常上山？又一日，唐徽宗遇到賈島禪師，問道：「聽說你常常上山採藥？」

禪師回答：「是的。」

皇帝問：「山中有何樂趣？」

禪師說：「山中有白雲，有清風，有鳥鳴。」接著又說：「陛下，很可惜！那一片片飄動的白雲，我沒有辦法用袖袍帶回來送給您。」

皇帝一聽，深深感受到禪師心中的歡喜。

其實，只要我們用心感受，隨時隨處都可以擁有歡喜。每一個春天，繁花盛開；每一個秋天，楓葉轉紅；每一個早晨，旭日東升；每一個傍晚，晚霞滿天。這不是現在才發生的，而是一直都在。只要我們有心去欣賞白雲、傾聽鳥鳴，去感受清風吹拂，何處不歡喜？當我們能感受到生命的豐富和喜悅，又怎麼可能不富有呢？

擁有不如享有。如果你懂得去感受又何必要擁有？就正如你不一定要擁有太陽，才能享受它的光彩；不一定要擁有夜空，才能欣賞燦爛星辰，不是嗎？

反之，如果你不懂得去欣賞、去感受，那擁有跟沒有不是一樣嗎？別再忙著去追求了，你沒發現嗎？就是因為你太在乎追求反而讓你意識不到自己早已擁有的一切。

了解本質，才能找出根本問題。

也許你對你的物質生活感到滿足，你可以靜下來想想：「你的滿足是怎麼來的？」

也許你認為要得到什麼才感到滿足，請靜下來想想，「這些東西真能帶來滿足嗎？」你可以檢視內心，「滿足到底從何而來？」

一旦你了解滿足並不只是靠外在事物，你就能享受物質充裕所帶來的富有，同時享有心靈的富足。

感覺自己在飛，其實是在下墜

——用一個空虛的心靈尋找快樂，所找到的，也只是快樂的替代品。

你還記得你的第一部新車嗎？還記得初次開著那部車的興奮之情嗎？大家是否和我一樣，會在剛擁有新車的頭幾天，不時地觀賞，如果有人稱讚你的新車好看，就會令你神采飛揚？

但是後來呢？大家應該很清楚接下來的情況：不久我們就會開始習以為常。一陣子以後，當我們開車時，就再也沒有任何興奮或快樂的感覺了，對嗎？

我們可以在每天生活中看到自己經歷同樣的過程，比方加薪、升職，得到同事認可、讚美，買到新鞋或喜歡的包包……。這些都曾讓我們雀躍不已，但是很快的，我們的情緒又回到原點。

再如聚餐喝酒、吃美食、大採購、吃迷幻藥等，這些享樂常讓人覺得美好快樂，但是隨後沮喪和空虛的感覺卻排山倒海而來。換句話說，所有的快樂都是短暫的，它們不能也不會持久，甚至還會轉變成痛苦。

那就是為什麼佛陀會說，即便快樂也是苦。快樂與不快樂事實上是同一件事，只是人們常落入時間假象，才會以為它們是分開的。

就像跳傘的人，感覺自己在飛，事實上是在下墜，下墜得慢一點還誤以為自己在飛。

其實，所有的快樂都是在下墜，因為當你得到快樂，你的心靈上仍舊無法得到真正的滿足，所以就更加執著於追求更多，這樣的快樂又怎麼可能持久呢？

外在的追求都是短暫且無止境的。用一個空虛的心靈尋找快樂，所找到的，也只是快樂的替代品。

池塘的水是由內向外滿溢的，真正的快樂也是由內在泉湧而出。想要得到喜樂，我們就必須深入內心。當一個人領悟到這點，他就變成一個求道者，開始從外走向內，整個向內的過程就是一個求道的旅程。所以許多人會透過靜心、禪坐，幫助自己回到內在——真正的本源。藉著發現本源，一個人便發現了永恆的喜樂。

快樂就像水龍頭，而喜樂則是水塔裡的水。水塔裡面有水，只要打開水龍頭就會有水。如果水塔裡沒水，即使換了再多的水龍頭，它還是沒有水。

有錢可以買新車，可以顧用一個司機，但是坐在車裡的還是同樣的你。如果你內心沒有快樂，就算換再多新車，甚至換成飛機也沒用，不久心情一樣會掉下來。

喜樂往內走，快樂往外走。向外走就是向下走，那就是為什麼我們常在歡樂或享樂之後，情緒非但沒有變好，還可能往下掉。

喜樂是發自內心的，不假外求，它根源於自己的心中，那就是為什麼一些小孩和成道者不需要什麼理由都可以很快樂。

許多人都把快樂和喜樂搞混了，努力向外追求快樂，反而把自己越帶越遠。

沒發現，所以需要上天提醒

——人類的不幸就在於，不知道自己是何等的幸福。

人在遭逢不幸，不論是生病、事業不順、婚姻失敗、發生災難等，常會生出造化弄人的感慨。卻很少人領悟到：老天其實是要藉由這些事情，讓我們看到自己擁有的幸福。

這聽來有點弔詭，卻是事實。因為人們總是人在福中不知福。

你有一份薪水尚可的工作，有一個還算健康的身體，還有幾個愛你的家人和朋友，你有覺得幸福嗎？還是認為這沒有什麼？

我們對擁有的事物都太習以為常，甚至對平凡無奇的生活感到厭煩，等有一天你工作不保，生了大病或是所愛的人不在了，你才突然好想回到過去，你就會明白我在說什麼。

有一位失去視力的病人，他告訴我說：「我願意以一切換取視力，若有朝一日讓我恢復，那將是上蒼最大的恩賜。」

有個懷孕五個月的媽媽，冒著骨癌的危險，打算生下孩子。在生命危急之時，她禱告著：「上帝！我不再跟你要求什麼了，只求你讓我的孩子活下去。」

我也見過一位因車禍而全身癱瘓的病人，沒想到在一次用電波刺激法進行復健之後，幾年來連動都無法動的手，竟然能慢慢地伸起來，跟大家揮揮手！周圍的人都為他叫好，他自己也興奮異常，父母親在一旁也高興地掉下淚來。

手能動、看得見、生孩子……，這不是很理所當然的事嗎？但你可知道，在我們周遭有多少人，最大的心願，只不過是乞求上天，讓他們有一天能看得見或站起來，有的人甚至能多活幾天就覺得很感激。

傾聽一些病人的談話，總讓人對幸福有不同體會。

其實，我們早就擁有幸福，只是沒發現，還需要上天來提醒。

俄國文豪杜斯妥也夫斯基說過：「人類的不幸就在於，不知道自己是何等的幸福。」

不幸的由來，乃在看不見自己是幸福的；

不滿的由來，則是不知道自己早該滿足了。

大多數美好的人事物，人們總要到失去或太遲了，才赫然發現！

為什麼不現在就發現呢？

你的快樂有哪些「禁忌」？

——想快樂，你現在就可以快樂。

你有沒有懷疑過，為什麼人長大以後，似乎失去了所有的歡樂和喜悅？

你看看周遭那些年長的面孔，是不是很陰鬱、很緊繃，總是拉長著臉，一點笑容都沒有。如果你去問他們：「為什麼？」得到的回答通常是：「又沒有什麼好高興的？」

回憶童年，在歡樂聲中，常會聽到大人喝止：「有什麼好高興的，玩那麼瘋！」因而隱約學到如果沒特別值得高興的事，也就沒什麼好快樂的；若家裡有人不開心、不如意，則大家更不能或不應該快樂。快樂似乎成了一個「禁忌」，必須達到某種理想狀況才能快樂，否則就不應該快樂。

於是，長大後我們也開始給快樂設下了「禁忌」——必須先考上某個學校，必須先找到好工作，必須先買到房子，必須先找到另一半，或是必須先存多少錢，必須先減多少體重……才允許自己快樂。這就是人們失去歡樂和喜悅的原因。

因為在達到目標之前，我們需要一些時間，一年、兩年或更久，因為事情總是無法盡如人意，我們必須做許多努力，在這段時間裡，我們將很難快樂，對嗎？快樂就像吊在驢子前面的紅蘿蔔，永遠可望不可及。

這讓我想起希臘神話裡薛西佛斯——命定要推石上山，然後無能阻擋石頭再度落下。

曾有人懷疑薛西佛斯愚蠢，如果他早知道這是個笑話，還會不會繼續傻傻地搬運那塊石頭？

我則懷疑薛西佛斯不但蠢，還是個無趣，又死腦筋的人。因為就算推石上山是命定的，他依然可以欣賞石頭的紋路，看看路邊的野花，聽聽蟲鳴鳥叫，或是唱歌、吹口哨，又沒聽說懲罰的項目裡有這些「禁忌」，對嗎？

其實，不管我們現在處於何種狀態，順境也好、逆境也罷，我們都有權利讓自己現在就過得好、過得開心。誰說你不可以帶著壞心情出去逛街或去泡湯，這兩者一點都不衝突。

要不要快樂是自己決定的，生病時可以快樂、窮的時候可以快樂，甚至死的時候也可以快樂。為什麼要被外在環境主導？

如果抓不到兔子，還有溫暖的陽光，與淡淡幽香的樹葉；如果釣不到魚，還有河岸風景，與草上發亮的露珠。何必限定自己只有抓到兔子或釣到魚才能快樂？誰規定的？

試想，當你達成目標時，你很快樂，那是誰要你快樂的？根本是你自己，對嗎？

我問一個學生：「你快樂嗎？」

他說：「我正在努力，等有一天我就會。」

我說：「你應該一直快樂的，為什麼要等待？」

學生畢業後，我再次問：「你快樂嗎？」

他說：「等我賺到一筆錢時，我就會快樂。」

我說：「何不讓我們跳過那一關，現在就開始快樂吧！」

他笑了！

想快樂，你現在就可以快樂，有人在擋你的路嗎？

快樂，就是放下你認為能使你快樂的東西

——當你用心活在現在，享受現在，快樂不找自來。

生命是一場找尋——一場不斷的找尋，一場不知道為什麼的找尋。

不管你擁有什麼、你沒有什麼，找尋都持續著。低位的在找尋，高位的也在找尋；沒錢的在找尋，有錢的也在找尋；病痛的在找尋，健全的也在找尋；愚者在找尋，智者也在找尋。然而因為一直都沒找到，大家仍繼續在找。

小孩子認為自己長大以後就會更有力量，還能做更多自己想做的事，於是他們開始尋找。但是當他們長大，並沒有找到力量，反而發現自己的無力，還得做更多不想做的事。

單身的人認為結婚以後會找到幸福；結婚的人認為如果一個人或有孩子會更美好；有孩子的人則認為等孩子長大獨立以後，他們會更快樂。但他們找到了嗎？那些找到伴侶的人，他們有找到幸福嗎？那些有小孩的人，或獨身的人，真的有比較快樂嗎？好像並沒有，對嗎？

沒錢的人認為有錢以後會更快樂，因此他們努力找尋，當他們已經得到一百萬，還是無法快樂，因為他們想要一千萬，他們必須繼續尋找，那一百萬並沒有使他們快樂，因為他們的快樂還欠缺好幾百萬，唯有找到一千萬，他們才會快樂。

但是你認為他們真的找得到快樂嗎？不。那個「數字」會不斷增加，他們會繼續找尋，從一百萬到一千萬，從一千萬到一億！他們並沒有因為有錢而富有，反而因為那一億而變窮。

公司的職員常會想：「等我當上經理以後，我就會快樂。」他不知道，公司的經理也在想：「如果我成為董事長，我就會快樂。」而董事長則想：「等公司擴展到全世界，我就會快樂。」

但是他們真的找到了嗎？並沒有。就算擁有世界性連鎖企業的總裁，也很難是快樂的。因為要管理如此龐大的事業，經常要坐飛機到處視察、聽簡報，還有開不完的會，累都累死了。即使體力和健康每況愈下，但是又怎麼能說放就放。他們開始羨慕起公司裡的員工，因為員工只要上班、領薪水，然後快快樂樂地回家睡覺，多麼輕鬆自在啊！

現在已經成功了，但是為了這個成功他們已經浪費掉整個人生，然而快樂還是沒有出現，只是一個深深的挫折。如果失敗了呢？當然，就更不可能快樂。那就是為什麼美國第六任總統約翰・昆西・亞當斯在死前會感慨地說：「我一輩子都花在無益的渴望上。」

還有像亞歷山大、希特勒、洛克斐勒，這些全世界最有錢，和最有權力的人也都感慨過：自己不快樂。為什麼？

因為就算你賺到所有的錢，也擁有你所要的一切東西，你還是此刻坐在這張椅子上的你。那些「快樂」都是我們虛構的故事，那只是我們的想像，所以我們才會一直找不到。

有一則老故事，許多人應該都聽過。有個老先生，他一輩子都在尋找快樂，但是一直都沒有找到，他的心裡充滿著憤懣，每天都繃著臉。

但是突然有一天，他改變了。他變得親切開朗，臉上也布滿笑容。周遭的人都覺得不可思議。於是，有人問：「怎麼回事？您怎麼突然變成另一個人似的？」

「我受夠了，」老先生說，「我一輩子都在找尋快樂，但都沒找到。所以，我決定了，不管有沒有找到，我都要快樂。」

不管有沒有找到，我都要快樂。這就是答案。快樂，就是放下你認為能使你快樂的東西。

沒錯，當你用心去尋找快樂，往往找不到；然而當你用心活在現在，享受現在，快樂不找自來。

不管你想找到什麼，是幸福、美好，還是快樂……

找尋，你將錯過；不要找尋，你就會找到。

因為你會找尋，就表示你覺得眼前的不夠美好；你想找尋，就意味著它們並不是跟你在一起的，對嗎？

所以，打從一開始，你的找尋就注定失敗。

作家歐本海姆（James Oppenhiem）說得對：「愚蠢的人向遠方尋求快樂，聰明的人在腳下栽種它。」

因為你試著要尋找的東西，其實就隱藏在你心裡面。

吃飽了，為什麼還覺得餓？

——心靈的飢渴是無法用物質填滿的。

要是你餓了，有人告訴你「不要再想食物了」，就能讓你止飢嗎？我不這麼認為。你必須先吃飽。但是如果你已經吃飽了，卻還覺得餓，還一直想吃，那可能就不只是餓的問題了。

人的內在似乎存有一個缺口，好像永遠都填不滿。當你還是孩子時，你好愛吃冰淇淋、巧克力，你想：「要是有吃不完的冰淇淋和巧克力，那我一定樂翻了。」現在冰淇淋、巧克力你可以隨心所欲地吃，你有樂翻嗎？並沒有。冰淇淋和巧克力被房子和車子取代了，或許你已經有轎車和房子，但你現在又想要一輛休旅車和別墅。

人生的悲哀就在這裡——我們總是以各種自欺欺人的把戲來填補心中的空虛。或許是食物、金錢、權力、名氣、房子、車子等任何東西都可以。但是當我們得到了，空虛依舊存在。

如果你想不透這個道理，不妨看看八卦雜誌。為什麼那些有錢、有名的人，總是跟離婚、憂鬱、酗酒或吸毒扯上關係。答案是，內心不滿足。

為什麼不滿足？因為滿足不是靠外在，而是內在的感覺。世上的功名利祿只能給人光鮮亮麗的外表，裡面卻還是空洞的生命。

我們常以為生活就是生命，以為生活的滿足就能滿足生命。這當然是錯的，生活豐衣足食，生命不見得平安喜樂；平安喜樂的人，生活不見得豐衣足食。

所以，我們必須先釐清什麼事物能帶來「生活的」滿足，什麼事物能帶來「生命的」滿足，從內在去探索並檢視，這點很重要。

檢視你從小到大，你要東要西，但你可曾滿足？還是不久之後你又覺得好像少了點什麼？

想想看，這些事物為什麼總是只讓你得到暫時性或階段性的滿足？為什麼無法得到真正恆常的滿足和喜樂？

再想想，你為什麼來到人世？只是為了生活，為了繳水電瓦斯費，為了繳貸款而來的嗎？生命中一定還有某些東西被我們遺忘了，那到底

是什麼呢？（可參考《微笑，當生命陷落時》一書）

別指望物質上的東西可以滿足你或完美你的生命，這是不可能的。吃一大桶冰淇淋或擁有幾百個名牌皮包就會讓你人生變完美嗎？得到漂亮的休旅車和別墅就會讓你內心平安喜樂嗎？別再騙自己了。心靈的飢渴是無法用物質填滿的。

空虛是從內在感覺到的。你或許可以擁有世界上所有的東西，但是你怎麼能夠將它們帶到裡面去填補那個空虛？

不要一味地向外，你必須轉一百八十度，開始向內尋找。對幸福的渴求在你的內在，平安喜樂也在你的內在。能填補你空虛與滿足生命的「食物」，同樣在你的內在。

對象沒變，是好惡改變

——自己的心才是造成痛苦的主因。

買到一件喜歡的衣服，會讓人感到興奮快樂，這種連結讓我們將衣服和快樂畫上等號，但是衣服本身並不具有製造生理愉快的化學成分，真正原因是我們的喜好。不喜歡那件衣服的人，就不會有特別的感受。

你可以把衣服換成其他東西。對某個人來說，人際關係是快樂的關鍵，見到某個喜歡的人，我們就覺得高興，每一次他或她出現在眼前，我們心中就欣喜愉悅。但是這個人，對某些人而言卻可能一點感覺都沒有，有些人甚至會生起憎恨。

可見，我們對人事物的好惡，都是內心主觀的判定。

我們認識一個人，起初他只是陌生人，我們可能完全不在意，但經過一段時間相處，他變成我們的朋友，我們毫不懷疑他的善良、可愛。如果有人懷疑他，我們還會為他辯護。

但經過一段時間以後情況改變了。也許他不再順我們的意，或是表現出令人討厭的行為，不管什麼原因，他現在完全不一樣了，而我們以前對他的喜愛全被厭惡取代，相處的經驗也從快樂變成了痛苦。

所以，我們可以清楚地看到，我們之所以厭惡和受苦，並不必然是因為對象發生了任何變化，而是因為我們的態度改變了。

或許有些人會不同意地說：「那是因為他先改變了，所以我才改變。」

當然，人都是會變的，包含你也一樣。也許長久以來你喜歡吃米食，現在卻喜歡吃麵食。是什麼改變你的喜好？很顯然的，喜好的改變和對象無關，因為食物本身並沒有變。雖然我們通常會認為對象本身也在變，但事實上真正的原因還是我們的改變。

再如，有一天我們心情很好，散步到公園，覺得所有的景致都好漂亮；另一天我們心情不好，散步到公園，又覺得不美。這顯示公園的美與不美，都不是由外在主體決定。

一件新衣在剛得到時愛不釋手，一段時間之後卻變得平淡無奇，這兩種感覺其實都取決於我們的心。

同樣的，大家應該都明白，令我們生氣的真正原因，也在於我們的心。偶爾，我們跟某人原本好好的，但是突然想到對方讓我們憎恨，或對不起我們的事，整個情緒都上來了。

有時，我們正要對某人發脾氣，卻突然閃過他過去曾經善良的念頭，於是我們轉化了態度。當我們記起他曾為我們的付出，或對我們做過的好事，憎惡的感覺也煙消雲散。

在不同的心境裡，我們看到同樣的人事物，卻呈現出不同的面貌。

我們大多數人都曾遇過有些人因為一點小事就抓狂失控，而有些人則平靜又有耐心，由此可見，發生在我們周遭的事情，遠不及我們本身的反應來得重要，如果你知道心是怎麼回事，以及它是怎麼運作的，下回當某人或某事讓你厭惡，讓你覺得生氣時，你就不會一再責怪別人，你明白自己的心才是造成痛苦的主因，而對方只不過是次要的原因。

你是否曾經觀察過，外境會隨著你的心境而改變？

你可以回想一下，當你心情好的時候，是不是任何事都覺得賞心悅目？即使發生一些狀況，你可能也不會在意。然而，如果同樣狀況發生在你心情不好的時候，那結果就完全不同了。

每個人看別人、看事情都是主觀的，被看的對象只是一個螢幕，當你喜愛的時候，你看到的影像是一種；當你厭惡的時候，看到的又是另一個影像。一樣的螢幕，只是投影不一樣。

你沒看出來，那是因為你已被自己的好惡所迷惑，被自己的執著所蒙蔽。

好環境，不如好心境

——除非我們把快樂帶在身上，否則我們是找不到它的。

我曾參加一個必須外宿的研討會，其中一個參加者對許多事情不斷地抱怨，她不喜歡她的室友、餐廳，對房間更是不滿，「這床太硬，浴室太小……在角落裡，我看見一隻蜘蛛，喔，不要，我討厭蜘蛛。」她覺得這整個地方太簡陋了，缺乏舒適的環境。

活動結束後，她就和另一個參加者一起住進了另一間豪華的飯店。

據她的室友說，她在那裡仍然找到許多不喜歡的事情：東西太貴、迎賓水果壞掉了，還有停車的地方距房間太遠。

在一些療養院，我也發現類似的現象。大廳裡通常有兩群人，一群人在那裡下棋、玩牌，向進來的人打招呼，他們看起來愉快而且友善。另一群人則繃著臉，總覺得每個進來的人都有問題，他們會向訪客抱怨：「這裡的伙食像豬吃的一樣！」、「你有沒有聽說他們怎麼亂花我們的錢？」、「你知道我兒子多久才來看我一次嗎？」這群人總是滿腹牢騷。

讓我們回顧一下前面兩個例子，很顯然帶給人們不愉快的不是居住的環境，因為在同樣環境，有些人並沒有同樣的問題，對嗎？

當我們對環境不滿，或是面對跟自己不對盤的人物、工作，我們很自然地會想：「假如我沒有這麼一個不講理的同事、討厭的室友、伴侶，或是換個更好的工作或環境，我的生活一定會不一樣。」這一點在短期內也許是真的，但是當我們避開他們，就能因此找到一個不再有麻煩、不再讓自己氣惱的完美境地嗎？真的有這樣一個地方嗎？

不，無論我們在哪裡，我們都會帶著自己，我們都會和自己在一起，我們每個人都帶著生活多年的模式到自己所到的地方。

如同愛默生說過的一句話：「我們也許會到全世界去尋找快樂，但是除非我們把快樂帶在身上，否則我們是找不到它的。」

說一則故事給你聽。

蘇格拉底還單身的時候，和幾個朋友一起住在一間只有七八平方公尺的小屋裡。儘管生活非常不便，但是他每天都笑口常開。

有人問他：「那麼多人擠在一起，連轉個身都難，有什麼好高興的？」

蘇格拉底說：「朋友們在一塊兒，隨時可以交換思想，交流感情，這難道不是很值得高興的事嗎？」

過了一段時間，朋友們一個個相繼成家，先後搬了出去。屋子裡只剩下蘇格拉底一個人，但是他仍然每天笑逐顏開。

那人又問：「你一個人孤孤單單的，有什麼好高興的？」

「我有這麼多書啊！一本書就是一個老師。和這麼多老師在一起，時時刻刻都可以向他們請教，這怎不令人高興呢？」

幾年後，蘇格拉底也成了家，搬進一座大樓裡。這座大樓有七層，他的家在最底層。底層在這座樓裡環境是最差的，上面老是往下面潑汙水、丟死老鼠、破鞋子、臭襪子和雜七雜八的髒東西，那人見他還是一副自得其樂的樣子，好奇地問：「你住在這樣的房間，也感到高興嗎？」

「是呀！你不知道住一樓有多少妙處。比如，進門就是家，不用爬很高的樓梯；搬東西方便，不必花很大的力氣；朋友來訪容易，用不著一層一層地去叩門尋問……。尤其讓我滿意的是，可以在空地上種花和種菜。這些樂趣，真是數之不盡啊！」蘇格拉底喜不自禁地說。

過了一年，蘇格拉底把一樓的房間讓給了一位朋友，這位朋友家有一個癱瘓的老人，上下樓很不方便。他搬到了樓房的最高層——七樓，可是他每天仍是快快樂樂的。

那人揶揄地問：「先生，住七樓是不是也有許多好處呀？」

蘇格拉底說：「是啊，好處可真不少！僅舉幾例吧：每天上下幾次樓梯，可以鍛鍊身體，強健體魄；光線好，看書寫文章不傷眼睛；沒有人在頭頂干擾，白天夜晚都很安靜。」

後來，那人遇到蘇格拉底的學生柏拉圖，問道：「我覺得你的老師所住的環境都很糟，為什麼他總是那麼快樂？」

柏拉圖說：「決定一個人心情的，不在於環境，而在於心境。」

好環境，不如好心境。說得好！

希臘大哲伊皮克提圖斯（Epictetus）曾說：「環境不能塑造一個人，它只是讓他反觀自己而已。」

所以，不要抱怨環境，不論什麼環境都有人過得好，也有人過得壞。周遭的環境並非決定你心情好壞的因素，決定的關鍵是在你的心境，因為每個人都被同樣的環境所圍繞，不是嗎？

天堂、地獄，由你決定

——地獄就在此時此地，存在我們心中。

人對天堂和地獄所抱的最錯誤觀念，就是認為它是未來才會發生的事，以為那是人死後才會被帶去的一個地方。

其實，天堂就在我們眼前，天國已經在這裡。耶穌說過：「神的國來到不是眼所能見的。」——（路加福音十七章二十節）

為什麼我們見不到？因為它就在我們心中。一樣東西離我們越近，我們就越難察覺。這就好比魚在大海中找水，牠不知道自己正被水包圍著。

而地獄也一樣，它就在此時此地，地獄存在我們心中。

地獄是我們心靈中所有不愉快的經驗，意識中那些痛苦的印象就是地獄。天堂是心靈和意識中所有美好的經驗和印象。

更明白地說，天堂和地獄並不是兩個不同的地方，而是兩種不同的心念。

記得剛開始談戀愛時，你宛如置身天堂，他是那麼愛你，但是現在他好像不再愛你，且棄你於不顧。你的天堂變成地獄，怎麼也走不出來。

你想過，這地獄到底是從哪裡來的嗎？是否真的有個人把你推到地獄裡面，不准你離開？不，地獄其實都是由你的心念創造出來的。

引自英國詩人米爾頓在《失樂園》的名言：「心是居其位，只在一念間；天堂變地獄，地獄變天堂。」

那也就是為什麼在同一個地球上，有人活在天堂，有人卻活在地獄。地獄是一種負面的心念，只要你處在其中，你就會在身邊創造出地獄。

過去你聽過聖人會上天堂，罪人會下地獄，那也是不正確的。事實上，不管罪人走到哪裡，他們都會創造出地獄；不管聖人走到哪裡，他們都會創造出天堂。

上天堂或下地獄都存乎一心。這則故事我曾一再提到——

有一個哲學家在桌上睡著，他做了一個夢。

在夢中，他看到自己搭上一輛火車，便問說：「這輛火車要開往哪裡？」

鄰座的人說：「要開往天堂。」

他說：「太好了，我一直很崇拜蘇格拉底，我想到了天堂，可能就有機會見到他了。」

當他進入天堂，那裡跟他想像的完全不同，不但沒有歡樂氣息，反而到處都破舊不堪，看起來死氣沉沉的，他簡直無法相信這就是天堂。

他急著想離開那裡，於是他問：「這輛火車待會要開到哪裡？」

「開往地獄。」他想都沒想，就跳上去坐。到了地獄，他再度無法相信眼前所看到的一切，因為那裡真的很美。有很美的花草、河流、樹木，小鳥在唱歌，每個人都很快樂，他說：「事情好像不太對！這裡似乎才是天堂。」

他走到了市區，問人們說：「蘇格拉底在這裡嗎？」

他們說：「有，他在郊外散步。」

於是他到蘇格拉底那裡，問說：「你就住在這裡嗎？為什麼你那麼好、那麼善良的人會被丟進地獄？」

蘇格拉底說：「我根本不知道有什麼地獄，我們來到這裡，就已經將它轉變成天堂。」

是的，聖人不管到哪裡，都會創造出天堂，因為他們本身就是天堂。而罪人呢？如果你將他們送進天堂，他們也會把那裡變成地獄。

記得哲學家沙特（Jean Paul Sartre）也講過一則故事。有三個人死後墮入地獄，他們很驚訝地獄竟然沒有刑具。後來他們才發現，原來他們就是彼此的地獄。

明白了嗎？想上天堂、下地獄，其實是由你自己決定。

世界就在你的心中。當你轉變了，你的整個世界也跟著轉變，因為這世界只不過是你內在的反映。

如果你怨恨，你就會創造出一個充滿憤怒、衝突和黑暗的世界，這就是地獄。

如果你改變心念，你充滿善和愛，你就會創造出一個美好、喜悅和發光的世界，這就是天堂。

你怎麼看這個世界，這個世界就怎麼看你；你如何對待這個世界，這個世界就如何對待你；只要帶著正面的心念，不管你人身在何處，那就是天堂。

你受不了的人也受不了你

——人是觀念的奴隸，觀念掌控我們的情緒。

在等車時，剛好聽到兩個婦人對話：「我最受不了我先生了，他每次拿東西出來都不會歸位，這裡丟一件，那裡丟一件？」

「我先生也一樣，」另一個婦人隨即附和道，「每次都要我幫他收東西，連我那兩個小孩也是，玩具到處亂丟，好像罵再多次都沒用，真受不了！」

從她們表露的不滿，我心想，不知他們的先生和孩子會不會也受不了她們？

有人說：人是情緒的奴隸。原因是當情緒一來，人就無法掌控自己。然而，我發現人更是觀念的奴隸，其實是觀念掌控我們的情緒。

舉例來說，如果你有一種觀念：用過東西要物歸原位。那麼當你的孩子沒有把他的鞋子放在原位，你就對他們大吼大叫；也許你的先生或太太，沒有及時把用過的東西擺回原位，就招來你的一頓臭罵，對嗎？

假設有一個媽媽認為：浴室必須保持乾淨。因為這個觀念，她就想出各種方法來清潔浴室。如果孩子沒把要換洗的衣物放好，毛巾沒有擰乾掛好，或是尿到馬桶外，牙膏滴到洗臉盆外，那原本柔順、友善的媽媽，就會突然大發雷霆。

當然，整齊乾淨和物歸原位這些觀念並沒有錯，不過當我們太執著，並用這個觀點來衡量是非對錯，甚至把一個觀念看得比整個家庭和樂還重要，那就太過了。

跟大家分享一則故事：

有一天，名作家葛雷哥萊．拜特森的女兒走到他面前，問了一個問題：「爸爸，為什麼東西總是很容易就弄亂了呢？」

拜特森便問道：「乖女兒，妳這個『亂』字是什麼意思？」

女兒說道：「就是指沒有擺整齊。看看我的書桌，東西都沒在一定的位置，這不叫『亂』叫什麼？昨天晚上我花了不少時間才把它重新擺整齊，但就是沒辦法維持很久，所以我說東西很容易就弄亂了。」

拜特森聽完，跟女兒說：「什麼叫作整齊？妳擺給我看。」

於是，女兒開始動手整理，把書桌上的東西都歸定位，然後說道：「你看，現在不是整齊了嗎？」

拜特森又再問她：「如果我把妳抽屜裡的東西拿出來，妳覺得怎麼樣呢？」

女兒回答說：「不好，這樣書桌又弄亂了，桌面必須乾乾淨淨。」

隨後拜特森又問道：「如果我把鉛筆從這兒移到那兒呢？」

「你又把桌面弄亂了。」女兒回答道。

「如果我把這本書打開呢？」他繼續問道。

「那也叫作亂。」女兒再答道。

拜特森這時微笑對女兒說道：「乖女兒，不是東西很容易弄亂，而是妳心裡對於亂的定義太多了，但對於整齊的定義卻只有一個。」

以前我也很受不了雜亂無章的人，並常為此發火。後來仔細想想，其實，問題不在他們，而是在我自己。因為他們並不覺得有什麼問題，那麼，是誰有問題呢？當然是我。是我對雜亂的觀念，讓自己不高興。

沒錯，每個人都有自己的觀念，對完美的定義也不同。如果我們對不完美的定義太多，但對於完美的定義卻只有一個，那樣日子又怎麼可能過得完美呢？

如果你有一種觀念認為事情應該如何才對，這個觀念就會造成干涉。這個「應該」就是干涉。你會干涉你的孩子應該做這個、做那個，你會干涉你的妻子、先生、兄弟、朋友，你會干涉你周遭的人，只因為你認為那是對的。但事實上那只是你的觀念。

你沒發現嗎？即使你一再對他們說教、要求，或處罰他們，他們仍是依然故我。因為每個人的觀念本來就不同。

記住，你最受不了別人的地方，很可能也是別人最受不了你的地方。

讓別人難過，自己就不好過

——當你原諒別人時，你並不是寬宏大量，而是自私、自愛。

如果有人說了或做了讓我們生氣的事，我們就覺得受不了，往往想以同樣的方式報復對方，讓他也同樣受苦，如此自己便覺得舒服些。我們會想：「你讓我難受，我也不會讓你好受。只要看你痛苦，我就會覺得好過多了。」

然而當我們讓別人不好過，我們真的會好過嗎？不，當你讓別人不好受，你就不可能好受，因為在你怨恨任何人之前，你必須先感受到怨恨。唯有你有某樣東西，才能將這樣東西給別人，唯有充滿憤怒你才能去氣憤。所以，在你傷害別人之前，你已經先傷害了自己。

有些人或許比較含蓄，只是在心裡或背後咒罵，但你認為有罵到他嗎？他根本就不知道，你其實是在罵自己。

我想起《百喻經》裡的一則譬喻。

有一個商人，借了半個銅錢給人，可是那個借錢的人一直不還。商人心想：「我非把那半個銅錢討回來不可。」

於是，他坐船過河，親自到那個人家中討債，不過主人並不在家，只好又跑回來。當天晚上，商人在記帳的時候，才發現到，為了要討這半個銅錢的債，竟然花了五錢的費用，包括：坐船來回、吃一頓飯。此時，他才知道這一趟討債，實在很不划算。

這譬喻一聽就知道，這商人實在很傻，為了撿葡萄卻掉了西瓜，但是有許多人也在做同樣的傻事。

比方，因為嚥不下一口氣，找人出氣，結果反目成仇；不肯讓人占便宜，為討個公道，結果因小失大；愛錯了人，還苦苦糾纏。這跟那個商人有何不同？

很多人在愛人移情別戀後會報復對方，因為不甘心付出了這麼多，想玉石俱焚，甚至用自殺手段，想讓對方自責或內疚，卻沒想到這樣的做法，反而讓對方慶幸，當初離開是對的，結果賠了夫人又折兵。

有一件事，許多想報復的人一直沒有想通，如果你要報復別人，唯一一個會痛苦的人是誰？當然是你自己，因為怨恨和氣憤是附在你身上的。不管你怨恨的是誰，在你怨恨時，你等於是不斷在記憶中反芻舊傷痛，你就給了最初導致傷痛的人或事一再傷害你的力量。

此外，當你對別人採取報復手段，別人也會做些什麼來報復你，他也希望這麼做會舒服一點。就像著名黑人人權領袖馬丁・路德・金恩說的：「『以眼還眼』這條老法則，讓大家都瞎了眼。」

其實幸福就在眼前，只是你一直回頭看，就不可能看到新的事物，也很難感受到幸福。沒錯，讓別人難過，自己就不可能好過。

我們很難原諒別人，是因為我們認為原諒就是赦免傷害人的行為。事實上，你想饒恕誰跟別人無關，完全跟你自己有關。記住，當你原諒別人時，你並不是寬宏大量，而是自私、自愛，是給自己自由。

寬恕帶來自由，而寬恕首先要學會的一件事，就是愛自己。如果你一時無法原諒別人，沒關係，請先將眼光放在愛自己。你想想看，如果你的心裡充滿了怨恨，還有空間容得下愛和快樂嗎？

我有故事，但我非故事

——我們並不是放不下，而是不想放下。

生命猶如在河中航行，逝去的時光是由許多事件標記下來的，這些事件留存在記憶裡最深刻的部分，就成了我們的生命故事。

不知是身分的關係，還是巧合，我所聽到的多半是受苦受難的故事。有些人是孩提時受到傷害；有人則是悲慘的婚姻；有人覺得自己被虐待、被人占便宜、被人拋棄，還有一些是受到委屈和打擊。

我曾跟這些有傷痛經驗的人對談，發現絕大多數人對這種悲劇的戲碼都非常投入。有些人完全沉迷於過去的故事，故事成了身分和標籤；有些人則緊緊抓住悲慘情節，好像那是最珍貴的生命傳奇，深怕被遺忘。

我曾讀過一個女人想游泳橫渡大湖的故事，她的手上綁著石頭，游到湖中央時，因為石頭太重讓她漸漸游不動，並且開始吃水。

「趕快解下石頭！」岸邊看熱鬧的人高喊。

女人不為所動，繼續游。

突然間，她沉了下去。可是不一會兒，她又掙扎浮了起來。

「趕快解下石頭！」岸邊的人叫得更大聲。

女人繼續游，可以看得出來很吃力，下沉的次數更多了。

更多人大聲驚呼：「趕快，把石頭放下！」

女人即將滅頂，最後一次浮上來時，有氣無力地說：「不行！這是我的石頭。」

你也許會懷疑，哪有那麼笨的人？但事實就是如此，很多人寧可犧牲愛、幸福和歡樂，也不願放下悲慘的故事，甚至不惜拉身旁的人一起滅頂。這樣的人還不少。

人們常認為自己想快樂，但其實並非如此。因為比起人們想得到的解脫而言，人們顯然更珍惜那些執著不放的故事。換句話說，我們並不是放不下，而是不想放下。

事實上，無論是什麼痛苦，我們對「過去事件」所感受到的一切，都是「現在」創造出來的。就好像很久很久以前，有人把我們關進籠子，後來籠子不存在了，可是我們依然掙扎。為什麼？是自己還抓著籠子，對嗎？

有些人或許認為這說法欠缺同情心，但是一直抓住痛苦本來就是不必要的。當我們愚蠢地回憶同一場戲，卻不了解其中的功課時，只能看見其中的苦難，那受苦又有什麼意義？

苦痛是讓人學習，讓人成長，讓人懂得將心比心。所以，我們該學習的是同情心，而不是渴求同情，被人同情的人生是非常悲慘淒涼的。

我有故事，但我非故事，明白這點非常重要。當我們不執著於過去的生命故事，新的生命航程才能開啟。

站在人生的十字路口，你有兩條路可以選擇：利用過去的經驗對別人做出貢獻，或者，被過去的經驗利用。

你可以為別人帶來黑暗，也可以把黑暗變成光亮；你可以成長向上，也可以向下墮落；你既是故事的作者，也是書中的主角，你可以改變故事的情節，甚至決定整個故事的結局。

不是路到盡頭，而是該轉彎

——事出突然，往往都「另有深意」。

人習慣保持選定的人生道路不偏不倚，就像開車在各自的路上一直往前行。可是，道路和人生都會出現交叉口，如果只知道直行，不懂得轉彎，很可能就會撞車。

人生的道路也一樣，不是一直線走到底。發生無常事件的時候，往往是生命應該轉彎的時候，它是來引領我們的。

我們經常無法理解，原本預期的事，為什麼會突然發生變化，或是，有時對某件事情明明興致勃勃，但過了不久，卻又對同一件事感到興致缺缺。我們也經常想不透自己為什麼盡心盡力卻不獲青睞，或是滿心期待卻事與願違……。那其實都是有原因的。

山姆希望能升上行政主管職位，為此他除了盡忠職守外，還比同事更加賣力工作，然而人事命令頒布時，他夢想的職位卻落在別人身上。不久後，他便辭職了。如今他擁有自己的公司，而經營自己事業的成就感，也不是在舊公司時能相提並論的。

莉莉愛上一個男人，她覺得他英俊、風趣，而且多金。她非常期待能進一步交往，可惜事與願違，一連幾個月都毫無音訊。後來從朋友那裡，才得知他在躲債，這讓她感到錯愕，原來他是個騙子，也慶幸自己沒有陷進去。

人生道路有時曲折，有時突然來個大轉彎。事出突然，往往都「另有深意」。我認識一個病人也發生過類似的事。他因手術後傷口重複感染，不得已只好放棄期待已久的旅遊，當時他又氣又惱，卻沒想到因此避開了一場死亡車禍——他原本要搭的那部車跌落山谷。

上天會透過各種阻礙，來傳達祂對我們人生的指引。可惜人們常會誤解這個訊息，並為這些事情貼上壞的標籤。

你真的知道什麼是福、什麼是禍嗎？你真的能綜觀全局嗎？很多人碰到壞事，到頭來反而變成好事。所以，不要做判斷，也不要下定論，因為你不知道事情為何要發生，也不知道它會帶來什麼樣的結果，對嗎？

即使前面已無路可走，也別氣餒或放棄，那不是路已到盡頭，而是該轉彎了！

意外的人生，往往是意外的祝福。

大家不妨回想一下，周遭是否有人在經歷某些意外事件之後，生命似乎產生了重大轉變，一切豁然開朗，全然改觀？

是的，摧毀之後我們才有可能創造出新的東西。我們的過去必須先被摧毀，新的未來才會誕生。我們歷經一連串可怕的混亂與痛苦，通常也代表我們正處於改變的關鍵時刻。

你走到窮途末路了嗎？記住，那不是絕路，而是一條嶄新的道路。

抗拒離開魚缸的魚

——如果生命看起來似乎在跟我們作對，那是因為我們以淺短的眼光來看待事情。

養過魚的人都知道，魚缸每隔一段時間就得清理，然而每次清洗時，小魚總被嚇得四處亂竄，即使被抓到了，仍舊不斷扭動身軀，就像世界末日到來一樣。

可憐的魚，牠們又怎知我把牠抓出來，是為了要在待會兒給牠清理出煥然一新的窩。

其實，我們不也是這樣，往往因為不了解上天的美意，總是不斷地掙扎、埋怨、逃避面對，所以才會受無謂的苦。

我們總想藉著保持現況而留住那分安全感，殊不知對這分安全感的需求，正是我們卡在相同局面，和現況一直無法改變的原因。

我認識一個病人，她發現先生外遇，當她描述頸椎受傷後的改變，她告訴我：「如果我頸椎沒有受傷，一定還會繼續跟他們纏鬥。受傷讓我有機會靜下來思考婚姻留存的意義。」

嗯，我完全同意，「能改變是好的，否則永遠只會維持現狀。」

「老實說，」她聽了有感而發地說，「我對自己原來的生活感到非常不快樂，但我不想面對我對改變的恐懼。結果發生這件事也好，如果不是這樣，也許我還一直陷在那裡。」

早在兩千年前，斯多派哲人奧勒留（Marcus Aurelius）就說過：「接納生命中的任何插曲，還有什麼更符合你所需求的？」

幸好，有時候會突然發生某個事件，讓我們重新思考生命。因為問題若不嚴重，人不會覺醒。

上天給每個人一個鬧鐘，它一開始會叫得非常輕柔，然後越來越響，直到我們別無選擇只能醒來為止。生命也是如此，如果你對輕聲細語充耳不聞，那麼它就會賞你一巴掌。

生命永遠朝著越來越美好的方向在發展。如果你沒有這種體會，那就意味著你一直在抗拒這個過程。

毛毛蟲其實可以飛，毛毛蟲根本無法想像這樣的事。當然，如果毛毛蟲不知道破繭而出會變成蝴蝶，那麼所有的過程遂成了艱辛的掙扎。

我們唯一能做的事就是敞開心胸，容許事情自然發生。你可能會驚訝地發現：我一直以為我必須爬得快一點，我不知道自己還能飛。

所有的改變都是好的，每一件事也都是有幫助的。如果生命看起來似乎在跟我們作對，那是因為我們以淺短的眼光來看待事情。就像那些抗拒離開魚缸的魚，牠們不知道牠們所對抗的，正是要幫助牠們的人。

一名年輕女孩問一位很有智慧的老婆婆說：「怎麼樣才能變成蝴蝶？」

老婆婆眨了眨眼睛，微笑說：「你必須要有『飛』的志向，而且，願意放棄你的毛毛蟲生命。」

蛋必須打破它的殼，才有可能變成一隻自由飛翔的鳥；種子必須拋棄防衛，冒險地進入土壤中，一旦外殼死去，嫩芽發出，才有可能變成一棵樹。

想變成展翅飛舞的蝴蝶，就必須先放棄你的毛毛蟲生命。如果毛毛蟲一直留在蛹室，不但飛不起來，還可能活不下去。

每個人都有自己的煩惱

——你不想要有任何煩惱，其實是「自尋煩惱」。

每個人都有自己的煩惱。

這看似簡單的一句話，卻是偉大的真理。因為一旦我們了解並接受這個事實，就對人生遭遇不再那麼耿耿於懷，不會總是怨天尤人。

一位老友辛苦了好長一段時間，好不容易拿到博士學位，房貸也繳清了，同時發表的論文又受到國際矚目，眼看一切都海闊天空，沒想到此時竟傳來他太太罹癌的消息。

我們總是只看到別人成功及幸福的一面，卻很少注意人家所付出的努力和代價，而且世上根本沒有十全十美的人事物，只是大家沒看到不幸的那面罷了。每個人都有自己的煩惱。

真實世界與童話世界完全是兩回事，沒有人能「從此過著幸福快樂的日子」。我們無法逃避生命的真相——生命是不完美、不圓滿、不如意的。

有伴侶的人會因有了伴侶而煩惱，沒有伴侶的人也會因為沒有伴侶而煩惱；沒錢的人會煩惱，有錢的人也會煩惱，因為心裡老想著該怎麼處理他們的錢，是要投資呢，還是不投資？投資又怕有風險。

有人向古希臘智者庇塔烏斯訴說生活的煩惱。

庇塔烏斯勸慰對方說：「每個人都有自己的煩惱，我的妻子便是我的煩惱。但是我要說，只有這種煩惱而沒其他煩惱的人是有福的。」

可見煩惱是非常普遍正常的事，我們根本不必「自尋煩惱」。

從前，有一個人總覺得生活不快樂，他也知道那些讓自己不快樂的事情其實沒什麼大不了的，但是他卻常常覺得不如意，總是怨天尤人。於是他前去找佛陀指點迷津。

他說他是個農夫，也喜歡種田，不過，有時候老天不下雨，有時候又下太多，他的收成始終不理想。

他有老婆，老婆也很賢淑，但是她有時候很煩人，他覺得有點厭煩。

他有孩子，孩子也算乖，不過就是不愛讀書，而且……

佛陀耐心地聽他講，直到他講累了為止。講完之後，他期待地看著佛陀，希望佛陀能夠指點他明路。

但是佛陀卻說：「我沒辦法幫你忙。」

他感到不解，「我以為你什麼都懂，一定可以幫我。」

佛陀說：「每個人都有煩惱。事實上，凡是人都有八十三種煩惱。每一個人都是，而且這種煩惱也無可奈何。解決一個問題，另一個就取而代之。你永遠都有八十三種煩惱。譬如說，你會死。對你來說，那是煩惱，而且又逃避不了。你、我，任何人都無可奈何。我們每個人都有這樣的煩惱，那是去除不了的。」

他很生氣，於是質問佛陀：「那你說的那些法還有什麼意義？」

「我說的那些法可以對你的第八十四種煩惱有幫助。」

他問：「第八十四種煩惱？那是什麼煩惱？」

佛陀說：「你不想要有這八十三種煩惱。」

你不想要有任何煩惱，其實是「自尋煩惱」，也就是第八十四種煩惱。因為那是不可能的，每個人都有自己的煩惱。

煩惱是怎麼來的？當你不想接受或面對某件事時，這件事，就會變成你的煩惱。

或許社會的景氣不好，你沒錢也沒工作，但你為什麼煩惱？你可能會說：「沒錢也沒工作我會餓死，所以我煩惱。」但煩惱能讓你變有錢嗎？煩惱可以讓你找到工作嗎？顯然都是庸人自擾，對嗎？

世界本來就沒有所謂的煩惱，你只要接受，讓人事物按照它本來的樣子存在，如果你排斥或加以干涉，你將陷入困難和痛苦，這就成了你的煩惱。

人不想要有任何煩惱，卻沒有想到，自己就是所有煩惱的根源。

上帝從未希望帶給人痛苦

——人之所以挫折難過都是因為我們將自己的幻象強加在真相之上。

人們活在痛苦中，原因就在於他們不接受真相。

只要留意一下，當你生氣時，你氣的到底是什麼？是不是眼前發生的事不合你的意，還是事情沒有照你所想的方式發展？

有時你難過，請問你為什麼難過，是不是因為你沒得到你想得到的，或失去了你不想失去的東西？

當你痛苦的時候，你注意過嗎？你一定是跟「真相」在對抗，因為你不願接受那個事實，所以痛苦，對不對？

只要我們「眼前的真相」跟「想要的真相」不同，就會產生痛苦。

有時事情就是發生了，先生外遇、車子被撞、錢被騙、小孩生病、家人發生意外……，你能怎麼辦？沒有人希望自己的小孩生病，也沒有人願意家人發生意外，但是，一旦發生了這些事情，不斷地抗拒有用嗎？

比方說，你討厭夏天炎熱難受，蚊蟲又多。但很顯然的，你也無法改變什麼。如果你接受了這個事實，那它就不再是個問題。然而如果你不斷抱怨、排斥，那它就成了你的問題。

我認識一個住在漁港的人，那裡經年累月颳著風沙，雖然他也痛恨那個地方，但是如果要住下來，就必須接受事實真相，否則能怎麼辦呢？你能叫風不吹嗎？去對風生氣，跟風過不去，根本無濟於事，對嗎？

「真相」從不會令人挫折難過，人之所以挫折難過都是因為我們將自己的幻象強加在真相之上。

愛人離開你，你憤恨、傷心，其實，並不是失去愛人讓你痛苦，而是你認為「他應該永遠愛你」在讓你傷心；是那個「他不應該離開你」讓你產生憤恨，是你抗拒事實的真相在產生痛苦。

親人生命結束了，你為什麼悲痛？他已經過完他的一生，他活到

「他生命」的終點，而不是你認為「他應該活」的終點，是你在抗拒事實真相才會如此悲痛，對嗎？

抗拒事實的真相，就像是在對秋天的枯樹說：「不，樹葉不該枯掉，我要你長出綠色的葉子。」然而眼前的季節卻是不可能長出綠葉的，這是無法改變的事實，想去改變只是自討苦吃。

人們希望得到解脫，希望去除內心的痛苦，但大家卻依然痛苦。為何如此？

有宗教信仰的人，可能會說：「那是上帝的旨意。」但是，上帝從未希望帶給人痛苦，痛苦是你抗拒而創造出來的。

所有的內在抗拒都會以不同的負面形式被經驗到，諸如煩惱、沮喪、鬱悶、暴怒、悲傷，到自殺的絕望。

當你感覺到上述情緒，請你檢視當下這一刻的經驗。當下這一刻你內心發生了什麼事？你看到了什麼？你會發現，一方面你看到了心中所發生的事，另一方面你並不想接受那個正在發生的事，對不對？是誰創造了這個痛苦？是你，而你卻試圖去改變它，要怎麼改？除非你自己先改變。

不要試著去改變任何東西，這就是臣服。臣服並不是改變真相，臣服改變的是你。當你改變了，你的整個世界也就跟著改變。因為你已經不同了，突然間，有一扇門會打開，黑暗會消失，太陽就升起了，你開始看到從來沒有看到的東西，看到全新的世界。

這世上沒有一條河流是直的，因為水會往阻力最小的地方流，時間長了就變成河流。你無須指引，最終都會順流入大海。

任何你全然接受的人事物都會帶你進入和諧平靜，這就是臣服的奇蹟。也就是所謂的開悟。

「禪」是接受世界的一個態度。所以，一個有宗教品質的人會接受外境的狀況，他不會受到干擾。

當我們放下抗爭，敞開心面對事情的本貌，就能安住當下。這是靈性修行的起點，也是終點。

人生是來體驗的

——生命的圓滿，不是避開崎嶇起伏，而是走過崎嶇。

生命就是一連串的經驗，每個經驗都有它發生的理由，每個經驗都會把我們推向更美好圓滿的生命境地。

一個人生命圓滿與否，就在他是否願意去體驗這一切——悲、歡、離、合，酸、甜、苦、辣，喜、怒、哀、樂，生、老、病、死，和所有的不如意、不圓滿。

我們來到人世間，是為了體驗當「我」的感覺。而來體驗的那個本體（靈魂），才是真正的我，身體不過是靈魂的工具而已。

所有的經驗，不管是好的或壞的，快樂的、不快樂的，都沒有差別，我們從來不是那經驗者，我們一直都是那經驗的覺知。

因此，盡量地去經驗，不要把生命看得太嚴肅，帶著遊戲的心情去享受，當你悲傷的時候，享受你的悲傷；當你開懷大笑的時候，享受你的喜悅。你曾走到高峰，也會跌落谷底；人生總有高低起伏，若是一直停留在高音的亢奮，又怎能體會低音的深刻淒美？

生命的圓滿，不是避開崎嶇起伏，而是走過崎嶇。有人為了遠離人世的苦惱而進入修道院，或跑去修行，但他們都搞錯了，那是「逃避」，而不是「看破」，其實世間才是最好的道場。

生有時，死有時
栽種有時，拔毀有時
……
哭有時，笑有時
哀慟有時，歡躍有時
拋有時，聚有時
尋獲有時，散落有時
得有時，捨有時
……
愛有時，恨有時
戰有時，和有時

這是「智慧之王」所羅門王的一首詩歌，歌中傳達了人世的無常，所以要盡情地去體驗，活在當下。

世間的一切都是如此，隨著因緣際會而消長。無論你當時有多快樂、多享受，或是多痛苦、多難過，所有的時光都會很快過去。快樂，會隨著時間變記憶；痛苦，也會成為很美的回憶。

體驗過程才是此生的目的。把自己的體驗當作一份生命的禮物，不論你的際遇是順或逆，是貧或富，都只是人生戲碼和功課的一部分，目的是為了讓靈魂更成長。

不論你心中有多大的痛苦和沮喪，本質上都與你無關，因為你不是你的痛苦，你只是來體驗這一切的本體。只要能夠了悟這點，你就解脫了。

那不是你的生命，只是你的人生處境。就像我們睡覺時能夠認出自己正在做夢，這並不會改變自己的夢，我們仍然覺察到夢的景象及內容，但是彼此之間有些距離，我們知道自己是在做夢，而且與夢同在。

我們唯一要做的就是自在地體驗，戲夢人生。一個清楚知道自己是靈魂的人，永遠不會在經驗中忘卻自己正在扮演那位經驗者的角色。

當你不再認同，突然間所有的煩惱都消失了，因為沒有什麼需要去擔憂與苦惱。它們來來去去，只是表面的漣漪而已，在你內在深處，其實也無風雨，也無晴。

人生是一場戲，你只要以遊戲的心情面對，所有的情境都是有趣的。

看看小孩子，他們遊戲、嘻笑、爭吵、打架、哭哭啼啼，過沒多久，他們還想再玩，這就是遊戲。

看看人生，每一個歡樂都尾隨著悲傷，每一個擁有都緊鄰著失去，每一次愛戀都緊跟著悲愁，每一次絕望又重現了希望，這不就是戲？

既然是戲，就要保持遊戲的心情。當戲演完了，要下台，也不要眷戀著道具和布景，甚至捨不得脫下戲服。

一個能把人生看成一場戲的人，表示他已經看破紅塵，看破紅塵並非離開這個世界，而是改變對世界的觀點，是以靈魂來體驗人世，如此便能遊戲人間。

把生命縮小為眼前這一刻

——過好當下這一刻，如果下雨，就在雨中跳舞吧！

你的人生處境也許充滿問題，但是找找看你在當下這一刻有沒有任何問題。不是明天或半小時以後，而是現在。你在這一刻有任何問題嗎？

你或許內心正在掛慮著未來可能發生的事，或擔心過去發生的某件事會捲土重來。但你恐懼的這些，都是過去和未來，在這一刻你有問題嗎？

你害怕得不到某些東西，也可能憂愁將會失去什麼。也許你會失業，也許你妻子、先生會拋棄你，也許你會得癌症，也許你會變得孤單，也許你不久後會死去……。這些恐懼讓你感到不安、害怕、緊張、壓力、憂愁、焦慮等。但請專心注意當下這一刻，你感覺得到恐懼嗎？那是不可能的，除非你去想過去和未來，你無法去想現在，對不對？因為現在就在此時此地，如果專注當下這一刻你不可能恐懼，也不會有任何問題。

有一天，聖法蘭西斯在花園工作時，有人問他：「假使今天太陽下山時，你就會死去，你準備怎麼辦？」聖法蘭西斯氣定神閒地回道：

「我要先除完花園中的雜草。」

我覺得在這充滿恐懼、沒有安全感的世界上，這句話對大家是一個很好的啟示。

近來許多人常說，現在地球暖化、海平面上升、環境汙染、失業率攀升、治安敗壞，天也許會塌下來，為什麼還要進大學念書？為什麼還要生兒育女？為什麼還要努力打拚？

可是，聖法蘭西斯卻用一個很簡單的比喻來回答這些問題——繼續清除你花園中的雜草。

不管你要被裁員、婚姻快走不下去、剛被診斷出重病、合約不再續約，或是有人正等著你倒下，甚至死亡迫在眉睫，我們都應該專心活在當下這一刻，就像下面這則禪宗公案教我們的。

一名旅者經過一個空曠的野地，遇上了一隻老虎。他拔腿就跑，而老虎則在後面緊追。他來到一個斷崖，抓住一根粗大的藤蔓盪出了懸崖，老虎仍在上頭守候著。那人顫抖地往下看，卻發現懸崖底下還有一頭老虎，正等著他掉下去就要吃他。而現在唯一支撐他的這根藤蔓，竟有兩隻老鼠一點一點地啃了起來。

一愁莫展之際，那人看到身旁草叢長了顆鮮美多汁的草莓，於是他一手抓住藤蔓，一手伸過去摘。

「哇，真甜！」他說。

我們可以把這公案簡化為一個問題：「當你什麼事都不能做的時候，你還能做什麼？」沒錯，你依然可以享受當下這一刻，不管這一刻多短暫。如果事情已經確定是不可避免的，恐懼又有什麼用呢？為什麼要讓生命變得更加悲慘？

我們必須竭盡所能地活在這個片刻，假裝沒有明天地認真過每一天。過去已經過去，你無法回到過去，未來則一直在改變，以後的事誰也不知道，處在這兩者之間的就是現在，只有當下這一刻才是真實存在的。

何必擔心當下不存在的事？把生命縮小為眼前這一刻——繼續清除花園中的雜草，或者是吃顆鮮美多汁的草莓吧！

你的人生處境存在過去或未來，生命則在當下。

所以要暫且忘卻你的人生處境，把焦點放在生命上面。把你關注的焦點放在你正在做的事、物及相處的人，放在此時此刻。

捷克著名的文學家伊凡·克里瑪說過：「未來是無法掌握的未知數，當下卻可能稍縱即逝。」

所以，不要掛慮彩虹何時會消逝，這一刻它是漂亮的，為什麼要渴求它長長久久呢？

過好當下這一刻，如果下雨，就在雨中跳舞吧！

何權峰作品集

編號	書　名	內　　　容	定價
001	展現最好的你	「路，是無限的寬廣；人，則充滿了無限的可能。」所以，無論自己的未來藍圖為何，相信自己，只要堅定地朝目標持續邁進，夢想就在不遠處等著你。	220
002	回歸自然心靈	清心可以開朗、寡慾可以無憂、單純可以喜樂、知足自然富足。讓我們一起以人為本，以自然為師，淨化心靈、放下物慾、簡化生活、回歸真我、返歸自然，進而達到知性的真，理性的善，感性的美。	200
003	心念的種籽	在《心念的種籽》中，作者跳脫一般的說教，以說故事的方式帶領人心，更能讓讀者從本書中獲得智慧與啟示。	200
004	生活就像馬拉松	馬拉松賽者最怕遇見「撞牆期」，選擇面對的方式是：調整呼吸慢慢跑， 或乾脆停下來用走的，等突破了瓶頸後，再重新開跑。	200
005	笑哈哈過苦日子	日子就像芥菜入口的滋味，有淡淡的苦味，如果拌上好的調味料，就會是一道美味的菜肴。 這樣的日子雖然清淡，但如果不忘每天一笑，不僅可以延年益壽，還可以返老還童哩！ 來！笑一個吧！	199
006	就靠這一次，人生急轉彎	從生命降臨人間的那一刻起，我們就到達了人生的起點，順著自己的目標往前走，遇到岔路時請記得向右轉，就可以找到一帖讓人生豐富和滿足的處方簽。	179
007	每10秒鐘一個幸福	這是一本似非而是的書，其中充滿了許多大師的妙論，平易中顯哲理，談笑中見智慧。每一篇章正猶如禪宗裡的一首偈，讓人茅塞頓開，有著撥雲見日的領悟。	192
008	有這麼嚴重嗎？	這本書不是要大家膚淺地記一堆笑話，也不是不負責地要大家一味地往好處想，而是希望在笑談中讓你得到了悟，在了悟的過程中得到歡樂，因此在文章裡面作者加入許多幽默笑話及妙語，讓你讀起來更有味道。	180
009	人生幸福，每一項都在拼圖	將近一百個生活哲學、簡單的小故事中，說出人生的大道理，讓你的生活注入活泉，永遠不會乾涸。	200
010	別扣錯第一顆釦子	不了解問題的根本，就解決不了問題；不看清事物的本質，就得不到真相；一個扣錯了第一顆釦子的人，就扣不完所有的釦子。	160

編號	書　名	內　　　容	定價
011	為什麼事情總是一團糟	套句何醫師的話：「用爛泥蓋房子，到頭來還是一堆爛泥。」是的，方法錯了，你越努力結果就只會越糟而已。	180
012	忘了總比記得好	假如你把過去緊抓不放，你當然會一再去經歷它，你的未來不會是別的，一定是累積了許多灰塵的過去，它注定是這樣的，這些塵埃不但會遮蓋你生命的光彩，也將阻礙你看見未來。	180
013	幸與不幸都是福	說幸福是好的，是有福的，這點大家都可以理解，但是說不幸也是福，這就奇怪了，不幸怎麼會是福呢？沒錯，不幸也是福，而且它還是比幸福更大的祝福，只是不幸的人總是「身在福中不知福」。	185
014	別讓每陣風吹著走	做自己的主人，不要盲目地跟隨潮流，被牽著鼻子走。一個有個人風格的人，才是真正具有品味的人。別讓每陣風吹著你走。	185
015	愛，錯在哪裡？	愛一再出錯，錯在哪裡？錯在人們一直沒有搞懂，愛是給，而不是得；愛不是出於需求，而是分享；不是出於匱乏，而是出於豐富。	199
016	所以你也要發正念	文字是紙上的語言，思想是無聲的語言，語言則是有聲的思想。這即是為什麼作者一再強調大家要多說好話、要有好的念頭。特別是念頭要良善、要正面，我們將遇到什麼樣的人或是什麼樣的事都在一念之間。	200
017	當下，把心放下	把心放下吧！當你人在那裡就別再掛著這裡，否則你怎麼可能真正的放鬆心情呢？快樂是來自心裡，你到了哪裡就該把心全然地投入那裡，這樣才可能快樂，不是嗎？	240
018	心田甘露	本書更透過一則則的寓言故事，提供了如何在工作、家庭、人際關係、自我成長等方面，尋求安心所在的方法，讓人有跡可循地回歸最初的清靈本心。	240
019	都是你的錯	這是你的選擇，不要去怪別人，無論你出了什麼問題，你只能怪自己。是的，錯的永遠是你。	240

編號	書　名	內　　　容	定價
020	大而化之	44個觀點，教你大事化小，小事化無。生活中，造成情緒失控的原因，大多不是什麼天大的事，而是微不足道的芝麻小事。然而就像小小的吸血蝙蝠能把偌大的野馬置於死地一樣，問題在於你是否能大而化之。	240
021	幸福，早知道就好	表面上，你是在追求幸福，但其實是在尋找不幸。追求幸福最大的障礙，即是期望過大的幸福。遺憾的是，這道理人往往要到失去或太遲了，才懂！為什麼不現在就知道？	240
022	貼心	貼心，是一種心靈的靠近，一種真情的流露，一種溫柔的關懷，一種無私的包容。	240
023	微笑，生命的活泉	微笑的表情，可以感受生活中每一刻的豐足與喜悅；樂觀的心情，足以抵擋生命中每一次的挫折與打擊。打開書，展笑顏，你將趕走陰霾，為自己尋得生命的活泉。	220
024	心寬，寬心	萬物的本質都是善的，如果我們把慈悲和愛心放在良善的特質上，整個生命將立即改變，一旦你不再劃分，所有的對立消失，所有的衝突消失，那就是和諧的藝術。	240
025	豁然開朗	快樂不在於擁有什麼或達成什麼，快樂已經在那裡，你並不缺少什麼，只要換個想法，換個選擇，一切快樂就顯現給你。	220
026	四捨五入	空，是無，也是有。放下其實是另一種擁有。「四捨五入」是割捨的哲學，也是喜樂的哲學，寫給所有「放不下和捨不得」的朋友們。	240
027	懶，不費力的智慧	懶得去爭。懶得去想。懶得生氣。懶得抱怨。懶得記仇。懶得追求。懶得計較……你看，「懶」包含了多少美德和處事的智慧。懶有什麼不好？	199
028	命運發牌，機會出牌	你覺得自己命不好、運不佳，或是正陷入厄運當中嗎？相信我，那不是什麼厄運，而是你要轉運了。	240
029	一笑天下無難事	試試我給你的這個祕訣：先快樂，然後看看會發生什麼。不要再等待快樂的事發生，不要再期待所有的問題都解決了，你已經等得夠久了。快展露微笑吧！	220

編號	書　名	內　　容	定價
030	開心，放開心	所有的結都是你自己綁上的。即使心有千千結，但是在心的深處，是沒有打結的。只要你願意放開你的心，突然，結就這麼解開了。	210
031	愛，不是你以為的那樣	你不是愛錯了，而是弄錯了；你們不是不合，而是最好的組合。那些因不合而分開的愛人都「誤解」了，愛，不是你以為的那樣。	190
032	你的幸福，我的祝福	人不是因幸福才被祝福，而是因為祝福所以幸福。你的幸福需要有人祝福，別忘了也將祝福給需要的人。	230
033	微笑，當生命陷落時	人類的痛苦，不僅僅起因於不幸災難，更由於錯誤的認知導致。喜樂來自了解，你越了解，你就越容易離苦得樂。沒錯，一旦明白所有發生在我們身上的事。	220
034	今天的你，開心嗎？	這本書裡的每個篇章和故事都包含各種面對問題的態度，有了好的態度，解決問題自然容易得多。你可以參考書本後面「接下來，該怎麼做？」剩下來的就看你自己了。	230
035	幽默一笑過生活	這本書中舉了大量的幽默事例、笑話，讓我們知道再糟糕的人，也有好笑的一面；再嚴重的事，也有趣味的一面；笑料是無所不在的。	220
036	為什麼聰明人會做糊塗事？	要知道自己是在做夢，就必須先醒來；要知道什麼是錯的，就必須先知道什麼是對的；要知道自己糊塗，就必須先聰明……	220
037	喜悅，順流而行	當你不再對抗生命之流，遲早那些事情都會自己安定下來，你不需要去安頓它們，你只要安頓你自己。一旦你處於和諧之中，整個生命都會處於和諧之中，這就是喜悅之道。	220
038	我微笑，所以我快樂	快樂也要面對，痛苦也要面對，為什麼不樂觀去面對？哭也是一天，笑也是一天，為什麼不微笑去面對每一天？	230
039	愛，其實我們都看反了	如果你的愛為你帶來的是不滿、是怨懟、是憤恨、是一再重複負面的模式，那就表示你的愛並不是愛，是你把愛看反了。	220